좋은 **정치**란 무엇인가

정치의
시 대

진중권

좋은 정치란 무엇인가

창비

좋은 정치란 무엇인가? 이 물음에 대한 답은 이제까지 존재한 철학자들의 수만큼 다양할 것이다. 그럼에도 불구하고 이 시대에 많은 이들이 공감할 만한 대답을 찾는다면 '인권'을 그 기준으로 삼을 수 있을지 모르겠다. '최대 다수의 최대 권리를 보장하는 게 좋은 정치'라는 데는 대부분 동의할 것이다. 그런 좋은 정치의 모범으로 사람들은 종종 고대 그리스의 민주주의를 꼽곤 한다. 통치자 한 사람이 독점하던 권리를 거기서는 모든 시민이 골고루 가졌기 때문일 것이다. '민주주의'에 늘 '인권'이라는 말이 따라다니는 것은 그와 관련이 있을 터이다.

많은 이들이 고대 그리스에서 인권 사상이 탄생한 것

으로 알고 있다. 정확히 말하면 인권의 발상지는 그리스가 아니라 페르시아였다. 페르시아를 야만적인 전제국가로만 알던 사람들에게는 이 사실이 다소 충격적일지도 모르겠다. 기원전 6세기경 페르시아의 키루스 대왕은 바빌로니아를 정복한 후 그곳의 노예들을 풀어주며 그들에게 자유민과 동등한 권리를 부여한다고 선언한다. 이 선언은 페르시아 제국에 존재하던 6개 민족의 언어로 번역되어 실린더 모양의 점토판에 쐐기문자로 새겨진 뒤 구워졌다. 이것이 지금까지 알려진 인류 최초의 인권선언이다.

그리스는 민주주의라는 훌륭한 제도를 운용했지만, 그 제도가 보장하는 권리를 모두가 동등하게 누린 것은 아니었다. 노예와 여성들에게는 시민의 권리가 허용되지 않았기 때문이다. 반면 페르시아인들은 노예를 해방했지만 민주주의는 알지 못했다. 사실 인류의 역사에서 민주주의는 극히 예외적인 현상이었다. 동서양을 막론하고 고대 국가들은 일반적으로 '왕정'을 채택했기 때문이다. 왕정에서는 오직 왕만이 인간으로서 온전한 권리를 누린다.

그 시절 왕이 가진 예외적 권리는 신에게서 받은 것으로 설명되곤 했다. 그것이 이른바 '왕권신수설'이다.

고대 그리스에서 탄생한 '시민권'이 부활한 것은 근대 이후의 일이다. 기독교 신앙이 힘을 잃어가자 근대인들은 인권의 근거를 신이 아닌 자연에서 찾기 시작한다. 즉 인간은 태어난 것만으로도 인간으로서 권리를 누릴 자격이 있다는 것이다. 이것이 근대의 '자연권' 사상이다. 흔히 '인권'의 본질은 크게 세 가지로 정의된다. 보편성·평등성·불가분성이 그것이다. 이를 한마디로 요약하면 인권의 본질은 '모든 사람이, 동일한 권리를, 온전히' 누리는 데 있다는 얘기다. 이 중 어느 하나라도 빠지면 진정한 의미의 '인권'이라고 할 수 없다는 것이다.

사실 민주주의의 역사는 곧 인권의 '보편성'을 확장하는 과정이었다. 영국에서는 '마그나카르타'(1215)로 먼저 봉건영주 계급이 왕권을 제한하고 자신들의 권리를 인정받는다. 이어 '권리장전'(1689)을 통해 의회의 의원들이 왕도 침해할 수 없는 권리를 보장받는다. 일반시민들은 프랑스혁명 직후에 선포된 '인간 및 시민의 권리 선언'(1789)을 통해 비로소 신분에 관계없이 평등한 권리를 부여받게 된다. 하지만 이때의 권리 역시 온전한 것은 아니었다. 여전히 여성들은 권리를 누려 마땅한 '인간'과 '시민'의 범주에서 배제되었기 때문이다.

민주주의의 역사는 '평등성'을 실현하는 과정이기도 했다. 1832년 이전만 해도 영국에서 투표권을 가진 사람은 총 인구 중 3퍼센트 남짓밖에 안 됐다고 한다. 투표 자격을 '유산계급'으로 한정했기 때문이다. 백인 남성이라고 모두 동등한 권리를 누린 것은 아니었다는 말이다. 과거에는 재산이나 학력, 혹은 종파에 따라 행사할 수 있는 표의 수를 다르게 하기도 있었다. 예를 들어 배운 사람에게는 두 표, 못 배운 사람에게는 한 표만 주는 식이다. 이를 차등선거라고 하는데, 오늘날 대부분의 국가에서는 차등선거를 철폐하고 직접·보통·평등선거를 실시하고 있다.

마지막으로 민주주의의 역사는 인권의 '불가분성'을 확인하는 과정이라고 할 수 있다. 인권은 나눌 수 없는 것이다. 경제적 권리는 보장하되, 정치적 권리는 거부하는 것은 인권이 아니다. 한 권리의 제약은 필연적으로 다른 권리의 제약으로 이어지기 때문이다. 우리나라에는 아직 '국가보안법'이 살아 있다. 누려야 할 권리가 일부 제한되고 있는 셈이다. 동성애자들은 합법적으로 결혼할 권리를 얻지 못했고, 여호와의 증인들은 신념에 따라 신앙생활을 할 권리를 누리지 못하고 있다. 이런 예외 없이 모든 이가 모든 권리를 누릴 수 있어야 한다.

인류의 역사는 대체로 인권을 확장하는 방향으로 발전해왔다. 우리 사회 역시 독재정권의 폭압에 맞서 수많은 희생을 치르며 끊임없이 인권의 보편성·평등성·불가분성을 확장시켜왔다. '좋은 정치'에 대해서는 물론 생각이 다르겠지만, 세계사와 한국사의 이 도도한 흐름이 우리에게 무엇이 '좋은 정치'인지 판별하는 기준——모두는 아니라도 대부분이 동의하는 기준——을 제시해줄 수 있을 것이다. 다시 말해 '좋은 정치'란 '모든 사람이, 동일한 권리를, 온전히' 누리게 해주는 정치다. 우리는 이를 기준으로 어떤 정치인이 좋은지 나쁜지 판단할 수 있을 것이다.

19대 대선에서 어느 보수 후보는 친북 좌파를 척결하고, 동성애자를 처벌하고, 노동조합을 박멸하겠노라고 외쳤다. 특정한 집단을 자신들이 생각하는 대한민국에서 배제하려 한 것이다. 심지어 여성에 대한 강간 모의를 가벼운 치기로 치부하고, 여성의 설거지가 신의 뜻이라고 우기는 것을 보면, 성차별 의식 역시 남다르다고 짐작할 수 있다. 이 증오와 혐오의 표현은 표를 얻기 위한 기동이었겠지만, 차별과 배제의 폭력은 분명 '좋은 정치'가 아니다. 그렇다고 '나쁜 정치'라 하기도 뭐하다. '정치'가 아니라 그냥 인간을 향한 '테러'에 가깝기 때문이다.

'나쁜 정치'라면 우리가 지난 10년간 겪어온 정치를 들 수 있을 것이다. 두 정권 아래에서 애꿎은 시민은 사찰을 당하고, 정직한 기자는 한직으로 쫓겨나고, 성실한 공무원들은 직장을 잃고, 비판적 예술가는 '블랙리스트'로 차별을 받고, 애먼 학생들은 교과서를 선택할 권리를 빼앗겼다. 그러는 사이 국민에서 나온 주권은 아무도 모르게 정체 모를 사인(私人)에게 통째로 양도되었다. 다시 말해 앞선 두 정권의 통치는 인권을 신장·확장하는 게 아니라 억압·축소하는 쪽으로 이루어졌다.

새 정부가 출범하면서 탈선한 우리의 정치를 다시 제 궤도 위에 올려놓을 기회를 갖게 되었다. 당장 급한 것은 시민의 권리를 과거 수준으로 회복하는 것이리라. 그다음에는 과거에 대한 반성을 토대로 민주주의를 새로운 차원으로 발전시켜야 한다. 국민의정부와 참여정부 때에 정치적 평등은 확대되었지만 사회적 평등은 외려 악화되었다. 법적·정치적 민주주의를 확대하는 것은 여전히 중요하다. 하지만 그것만으로는 더 이상 이 사회의 고통을 해결할 수 없다. 이른바 '헬조선'에서 벗어나려면 우리의 민주주의를 실질적 평등을 보장하는 사회적 민주주의로 진화시켜야 한다.

우리 사회에서는 아직 '동일가치노동 동일임금'의 원칙이 지켜지지 않고 있다. 비정규직 노동자들은 같은 일을 하면서도 정규직에 비해 턱없이 적은 임금을 받는다.

이는 종종 경영상의 문제로 치부되나 실은 인권의 문제
이자 민주주의의 문제다. 비정규직에 대한 차별은 사실상
봉건적 신분제로, 인권의 본질 중 하나인 평등성을 파괴
한다. 여성에 대한 차별도 마찬가지다. 우리 인구의 절반
은 여전히 보이지 않는 유리천장 아래 살고 있다. 이 역시
문화나 관습의 탓으로 돌릴 문제가 아니다. 인권과 민주
주의가 심각하게 침해된 것으로 인식해야 한다.

우리 민주주의의 가장 큰 위협은 수구세력의 우익 포
퓰리즘이 아니다. 우익 수컷들의 목소리는 선거라는 발정
기만 지나면 잦아들게 마련이다. 민주주의의 진정한 위협
은 우리 사회가 근대 이전의 신분제·세습제로 회귀하고
있다는 데서 비롯된다. 흙수저와 금수저, 정규직과 비정규
직, 일반 아파트와 임대 아파트의 차이는 이미 경제적 차
별을 넘어 사회적 신분제와 비슷한 효과를 내고 있다. 이
는 민주주의에 매우 본질적인 위협이다. 우리가 인권의
'불가분성'을 강조하는 것도 그 때문이다. 이 위협에 맞서
려면 우리의 형식적 민주주의를 실질적 민주주의, 사회적

민주주의로 전환해야 한다.

이 책은 지난겨울 창비의 독자들 앞에서 했던 강연을 풀어쓴 것이다. 국정농단 사태를 맞아 정치에 대한 관심이 고조되었던 시기로, 모두들 '어쩌다 사회가 이 지경이 되었는지' '이 일을 어떻게 수습해야 할지' '앞으로 어디로 가야 하는지' 물었다. 그런 물음들에 대한 답변으로 기획된 강연이었다. 하지만 돌이켜보건대 그 물음들에 명확한 답변을 준 것은 광화문 촛불집회였던 것 같다. 나라를 이 지경으로 만든 것에 대한 뼈아픈 자책과, 문제의 해결로서 대통령 탄핵에 대한 단호한 요구와, 탄핵 이후 등장할 새 정권을 향한 분명한 요구가 거기서 모두 표출되었기 때문이다.

한국인들이 민주주의를 어떻게 하는지
전세계에 보여주었다.

얼마 전에 실린 「워싱턴포스트」의 기사 제목이다. 추

운 겨울 주말마다 거리를 채웠던 촛불 시민들. 그들은 찬사를 받아 마땅하다. 앞으로도 그들이 세계에 보여줄 것이 아주 많을 것이다.

2017년 5월

진중권

차례

정치의
시대

좋은 정치란 무엇인가

인간은
정치적 동물

안녕하세요. 반갑습니다. 오늘 제가 이야기할 주제는 '좋은 정치란 무엇인가'인데요. 좀 뜬금없고 추상적일지 모르겠습니다. 여러분께 잘 와닿지 않을지도 모르겠고요. 먼저 정치에 대한 고전적 정의부터 다룬 뒤에, 구체적으로 우리나라의 정치 현실에 접근해볼까 합니다.

'정치'라고 하면 떠오르는 아주 유명한 말이 있지요. 다들 한 번쯤 들어보셨을 겁니다. 아리스토텔레스는 인간을 '조온 폴리티콘'(zoon politikon)이라 불렀습니다. 이는 흔히 '정치적 동물'이라고 번역되곤 합니다. '인간은 정치적 동물이다'. 여기서 아리스토텔레스는 인간을 고전적 방식으로 정의했습니다. 무언가를 정의하는 고전적 방식은 '유(類)개념 더하기 종차(種差)'라는 겁니다. 먼저 인간은 '동물'에 속하지요. 이것이 인간의 '유개념'이라 할 수 있습니다. 하지만 동물에 인간만 있는 것은 아니지요. 그렇다면 인간은 다른 동물과 어떻게 구별되느냐? 그걸 말해주는 게 바로 '종차'입니다. 아리스토텔레스는 그것을 '폴리티콘', 즉 '정치적'이라는 데서 찾았습니다. 다시 말해 '정치적'이라는 점에서 인간은 다른 동물들과 구별된다는 겁니다.

하지만 '조온 폴리티콘'이라는 말은 때로 '사회적 동물'이라고 번역되기도 합니다. '인간은 사회적 동물이다.' 왜 그럴까요? 거기에는 이유가 있습니다. '조온 폴리티콘' 이라는 말은 당시 그리스 사람들의 공동체, 즉 폴리스 안에서 사는 동물이라는 뜻이기 때문입니다. 그렇다면 폴리스 안에 사는 사람은 모두 '조온 폴리티콘'이냐? 그것은 아닙니다. 고대 그리스에서 사회생활을 한다는 것은 폴리스의 일원이 되어 폴리스의 정책 결정에 참여하며 사는 것을 의미했습니다. 고대 그리스가 제아무리 민주주의로 운영되었다 해도 거기에 노예와 여성은 배제되어 있었습니다. 오로지 남성, 그것도 자유민만의 민주주의였지요. 당시에 '인간'은 곧 자유민 남성을 가리켰습니다. 여성은 온전한 인간이 아니었고, 노예는 아예 인간도 아니었습니다. 아리스토텔레스는 '유개념 더하기 종차'의 공식에 따라 노예를 '말하는 가축'으로 정의했으니까요. 이것이 그리스 민주주의의 문제이자 한계였지요.

고대 그리스인들은 폴리스 안에서 사는 것은 '인간'이고, 폴리스 밖에는 두 가지 존재가 산다고 믿었습니다. 하나는 신이고, 다른 하나는 동물입니다. 결국 '인간'이라면 폴리스 안에서 폴리스의 방향을 결정하는 일에 참여하며 살아야 한다는 거죠. 이 정의에는 어떤 의미가 숨어 있을까요? 우리가 생물학적으로 인간이라 하더라도, 정치에 참여하지 않는다면 폴리스 밖에 사는 짐승과 크게 다르지 않다는 뜻이 내포되어 있는 겁니다. 그런데 지금 우리는 어떤가요? 주변에 정치 싫어하는 분들 많지요? 정치 얘기만 나오면 짜증을 내기도 하고요. 심지어 정치에 관심이 없어야 '쿨'한 사람처럼 여겨지기까지 합니다. 하지만 아리스토텔레스에 따르면 그런 사람은 '인간'으로서 실격인 셈입니다. 본래적인 의미에서 '인간'이 되려면 사회적 존재가 되어야 하고, 사회적 존재가 되는 방법은 사회의 일원으로서 그 사회의 진로를 결정하는 정치에 참여해야 한다는 거죠.

철학에는 여러 영역이 있지요. 우리는 철학이라 하면 그중에서도 주로 존재론 혹은 형이상학 같은 것을 떠올립니다. 예를 들어 '플라톤' 하면 '이데아론'을 떠올리고, '데모크리토스' 하면 '원자론'을 떠올리고, '아리스토텔레스' 하면 '4원인설'을 떠올립니다. 그에 비해 우리의 삶과 직결된 윤리의 문제는 철학의 부차적인 영역으로 간주하기 일쑤지요. '이 세계의 근원은 무엇이냐?' 또는 '이 우주는 어떤 원리로 움직이느냐?' 물론 중요한 문제입니다. 하지만 고대 철학에서 그보다 중요한 주제는 바로 '정치'였습니다. 실제로 고대 그리스 철학의 모든 논의는 결국 하나의 물음으로 귀결됩니다. '좋은 정치란 무엇이냐?' 한마디로 좋은 정치를 정의하는 과정에서 이런저런 이론들이 나온 것이지요. 예를 들어 플라톤의 이데아론, 그 유명한 '동굴의 비유'도 실은 정치의 문제를 다룬 『국가』에 등장합니다. 이 점을 분명히 기억해둘 필요가 있습니다.

고대 그리스의 정치라고 하면 우리는 당장 '민주주의'를 떠올립니다. 오늘날 우리가 가진 정치체제는 고대 그리스의 발명품입니다. 물론 우리의 민주주의와 고대 그리스인의 민주주의 사이에는 큰 차이가 있지요. 우리의 것이 간접민주주의라면, 고대인의 것은 직접민주주의였으니까요. 우리의 대의민주주의가 대리인을 뽑아 그들에게 통치를 맡긴다면, 고대의 직접민주주의는 대리자 없이 시민들이 한데 모여 중요한 결정을 내렸습니다. 물론 고대라고 해서 폴리스의 모든 시민이 모여 국사를 논했던 건 아닙니다. 수만 명이 모여 토론을 할 수는 없으니까요. 그래서 결정에 참여할 이들을 매번 추첨으로 뽑았습니다. 오늘날의 국민참여재판과 비슷한 형태라고 할까요? 그렇게 뽑힌 이들은 유권자들의 뜻을 대리하는 의원이 아니라, 우연히 추첨에 뽑혀 자기 자신을 대표할 기회를 얻은 시민이라 할 수 있지요.

그렇다면 민주주의가 과연 '좋은' 정치일까요? 민주주의가 인간이 만든 제도 중 그나마 제일 낫다는 것을 부정할 사람은 거의 없을 겁니다. 민주주의와 거리가 먼 북한조차 국호에 '민주주의'를 넣을 정도니까요. 하지만 이 민주주의가 과연 최선의 제도인가에 대해서는 이미 고대 그리스 때부터 회의적인 시각이 있었습니다. 예를 들어 플라톤은 민주주의를 혐오했지요. 왜 그랬을까요? 생각해 보십시오. 교육을 많이 받아 정치에 대해 높은 식견을 가진 사람과, 먹고살기 바빠 생각할 시간조차 없는 사람이 사회의 진로를 결정하는 데 동등하게 한 표를 행사한다는 게 과연 얼마나 합리적인 일일까요? 그래서 19세기 영국에서는 가방끈이 긴 사람들에게 두 표씩 줘야 한다는 주장이 나오기도 했습니다. 물론 지금 생각하면 말도 안 되는 소리지만 말입니다. 플라톤은 민주주의가 위험한 제도라고 생각했습니다. 아무나 정치를 할 수 있게 허용하면 결국 어중이떠중이들이 나서서 폴리스가 엉망이 되리라는 것이었지요. 플라톤은 민주주의가 필연적으로 흔히 말하는 어리석은 대중들의 정치, 즉 중우정치로 흐를 수밖에 없다고 믿었습니다.

실제로 그런 측면이 없지 않지요. 고대 그리스에는 도편추방제라는 제도가 있었습니다. 공동체에 위험하다고 생각하는 인물의 이름을 도자기 조각에 적어서 내고, 그 수가 6000표를 넘으면 그 사람을 10년간 폴리스 밖으로 추방하는 제도입니다. 아테네의 어느 박물관에 갔더니 정말로 누군가의 이름을 적은 도자기 조각들을 전시해놓았더군요. 원래 '참주(僭主)'라 불리는 독재자의 출현을 막기 위한 제도였는데, 정적을 제거하는 수단으로 악용되면서 때로는 훌륭한 인물들이 이 제도의 희생양이 되곤 했습니다. 멀리 갈 것 없이 플라톤의 스승 소크라테스도 결국 대중의 다수결에 따라 사형선고를 받지 않았습니까. 그러니 플라톤에게는 모든 시민에게 공정하게 한 표를 주어 다수결로 결정하는 제도가 결코 정의롭게 보이지 않았겠지요.

플라톤(왼쪽)과 아리스토텔레스(오른쪽).

대중에게 정치를 맡길 수 없다면 누구에게 맡겨야 할까요? 플라톤의 대답은 분명합니다. 정치는 배운 사람이 해야 한다는 겁니다. 이를 현인들이 하는 정치, 철학자들이 하는 정치라 해서 '철인정치'라고 부르지요. 한마디로 정치는 자기 스승인 소크라테스 같은 현인들에게 맡겨야 한다는 겁니다. 아마 그 '철인'의 범주에는 자기도 들어갔겠지요.

고대 그리스 철학을 말할 때 빼놓지 않고 거론되는 게 플라톤의 이데아론이지요. 내용은 많이들 아실 겁니다. 우주에는 먼저 순수한 이성의 눈에만 보이는 이상적인 세계, 즉 이데아의 세계가 있습니다. 플라톤은 이 이상적인 세계가 우주에서 유일하게 참된 실재라 믿었습니다. 둘째, 그 아래에 감각의 눈으로 보는 현실 세계가 있습니다. 바로 우리가 사는 이 세계지요. 플라톤은 현실 세계가 이데아 세계를 불완전하게 모방한 것이라 보았습니다. 셋째, 현실 세계의 아래에는 다시 그것을 불완전하게 모방한 것들이 있습니다. 예를 들어 거울에 비친 상, 물에 비친 그림자, 조각가가 만든 조각상, 화가가 그린 그림, 요즘 같으면 카메라로 찍은 사진 등이 그것입니다. 모방의 모방, 복제의 복제를 플라톤은 '시뮬라크라'(simulakra)라 불렀습니다. 우리말로 옮기면 '사이비(似而非)'입니다. 사이비란 '비슷하지만 진짜가 아니'라는 뜻이지요. 여기까지는 굳이 철학을 전공하지 않은 분들도 잘 알고 계실 겁니다.

하지만 이 이론이 '정치를 누구에게 맡겨야 하는가?'라는 물음과 관련되어 있다는 것을 아는 분은 많지 않을 겁니다. 사실 이데아론은 '국가를 통치할 좋은 지도자를 어떻게 가려내느냐'는 물음과 연동되어 있습니다. 정치도 마찬가지지요. 이상적인 정치란 역시 이상적인 정치가가 하는 정치를 말할 겁니다. 문제는 이상은 그저 이상일 뿐 현실에는 존재하지 않는다는 것입니다. 정치의 이데아, 즉 이상적인 정치가는 현실에서 찾아볼 수 없습니다. 플라톤에 따르면 아득한 '황금시대'에는 이상적 정치가가 존재했다고 합니다. 동아시아에서는 '황금시대'를 '요순시대'라고 부르지요. 요임금과 순임금이 다스렸다는 먼 과거의 태평성대 말입니다. 하지만 두 임금은 전설로 존재하지, 현실에 존재하지는 않지요. 그럼 현실에 존재하는 정치가들은 어떤 사람들일까요? 그 사람들은 그저 정치가의 이데아, 즉 이상적 정치가를 불완전하게 모방한 복제입니다. 이상적 정치가를 순도 100퍼센트라고 한다면, 현실 정치가의 순도는 50퍼센트 정도라고 할까요?

그나마 순도가 50퍼센트면 아주 괜찮지요. 비록 절반이지만 이데아의 속성을 실제로 지니고 있으니까요. 이런 사람들은 이상적이지는 않더라도 꽤 괜찮은 정치가라 할 수 있습니다. 문제는 이 복제들이 아니라 복제의 복제들입니다. 복제의 복제, 즉 시뮬라크라들은 이데아의 속성을 전혀 갖고 있지 않으면서도 불완전하게나마 이데아의 속성을 실제로 갖고 있는 복제들을 흉내 냅니다. 한마디로 그럴싸한 말과 그럴듯한 외양으로 괜찮은 정치가를 흉내 내며 유권자들을 현혹시키는 얼치기들이지요. 결국 플라톤에게 '좋은 정치'를 실현하기 위해 제일 먼저 풀어야 하는 과제는 바로 이 두 부류를 구별하는 것이었습니다.

정치인의 이데아, 이상적 정치인이 현실에 존재하지 않는다면, 현실에 사는 우리는 결국 이 두 부류 중 하나만 고를 수 있을 뿐입니다. 그렇다면 복제로서 괜찮은 정치인과 복제의 복제, 즉 시뮬라크라로서 얼치기 정치꾼을 어떻게 구별할 수 있을까요?

플라톤의 『고르기아스』 편에 좋은 정치가를 구별하는 법에 관련된 이야기가 나옵니다. 고르기아스는 오늘날로 말하면 저 같은 사람입니다. 말로 먹고사는 논객이라고 할까요? 어느 날 이 고르기아스가 감히 소크라테스에게 자기 자랑을 늘어놓습니다. 어느 마을에 갔는데 당장 수술을 하지 않으면 목숨이 위태로운 환자가 있었답니다. 그런데 그 환자가 한사코 수술을 거부했습니다. 의사가 아무리 설득해도 환자는 차라리 죽을지언정 몸에 칼을 대지는 않겠다고 고집했답니다. 사정을 안 고르기아스가 나서서 그 환자와 5분 정도 이야기를 나눴습니다. 그러자 단 5분 만에 환자가 생각을 바꾸어 수술을 받겠다고 했다는 겁니다. 고르기아스가 화려한 언변으로 환자를 설득해

낸 것이지요. 이 일화를 예로 들면서 고르기아스는 이렇게 묻습니다. "만약에 어느 도시에서 민회가 열려 지도자를 뽑는다고 할 때, 그 의사와 내가 출마하면 과연 사람들은 누구를 뽑을까요?" 환자를 설득하지 못한 의사를 뽑을까, 아니면 환자를 설득한 자신을 뽑을까? 고르기아스는 사람들이 결국 환자의 마음을 돌려놓은 자신을 지도자로 뽑지 않겠냐고 자랑했습니다.

그 말을 들은 소크라테스가 뭐라고 했을까요? 이렇게 말합니다. "적어도 그 의사에게는 의학에 관한 참된 지식이 있다. 다시 말해 그에게는 에피스테메(episteme)가 있다. 반면, 고르기아스여. 그대는 과연 환자를 설득했다. 하지만 그대에게 에피스테메가 있는가? 그대는 참된 지식 없이 그저 말솜씨만으로 환자를 설득하기만 했다. 이 얼마나 위험한 일인가?" 참된 지식 없이 설득만 하는 지도자, 플라톤이 경계한 게 바로 이런 정치인입니다. 참된 지식, 즉 진리는 이데아의 속성에 속합니다. 말솜씨로 설득만 한다는 건 이데아의 속성이 없이 그저 진리의 외양만을 흉내 낸다는 뜻입니다. 즉 복제를 다시 복제하는 시뮬라크라인 셈입니다. 좋은 정치를 위해서는 말만 앞세우는 사이비 지도자를 솎아내는 게 중요한데, 플라톤에게 민주정은 그러기에 적합한 정치체제가 아니었을 겁니다. 고르기아스가 말한 상황이 실제로 벌어졌다고 생각해봅시다. 사람들은 과연 누구를 뽑았을까요? 제가 생각해도, 참된 지식을 가진 의사보다 아무런 지식도 없는 고르기아스를 뽑았을 것 같거든요.

이와 비슷한 예가 『이온』 편에도 나옵니다. 이온은 대중 앞에서 서사시를 공연하는 가수였는데요. 오늘날의 개념으로 말하면 연기자에 스토리텔러에 무대 연출가를 합쳐놓은 것과 비슷합니다. 그런데 이 친구가 소크라테스 앞에서 주장하기를, 자기가 그리스 연합군의 총사령관이 되어야 마땅하다는 겁니다. 이온이 든 근거들이 재미있습니다. 자기가 서사시를 낭송하는데, 서사시에 등장하는 온갖 전쟁의 장면들을 자기만큼 완벽하게 암송하는 사람은 없다는 겁니다. 얼마나 기가 막힌 일입니까. 우리가 봐도 황당하지요? 알기 쉽게 비유하면 영화 「인천상륙작전」에서 더글러스 맥아더(Douglas MacArthur) 장군 역을 한 리엄 니슨(Liam Neeson)이 한미연합군 사령관을 하겠다고 나선 격입니다.

　여기에서도 같은 물음을 던질 수 있습니다. 군대의 사령관들은 전쟁에 관한 참된 지식, 즉 에피스테메를 가진 사람들이지요. 반면 이온은 어떤가요? 이온이 서사시를 낭송하는 것은 장군들을 외적으로 모방하는 것일 뿐, 실제로 전쟁에 관한 지식이나 경험이 있는 건 아니잖아요. 그러니 이온 같은 사람을 군대의 사령관으로 뽑아놓으면 어떤 일이 벌어질까요? 문제는 이런 겁니다. 큰 전쟁을 앞두고 사령관을 임명해야 할 상황이 닥쳤다고 합시다. 전쟁에 대해 참된 지식은 없지만 전쟁 신에서 탁월한 연기로 대중의 사랑을 받은 배우와, 전쟁에 대해 참된 지식을 갖고 있지만 대중에게 알려지지 않은 군인이 출마했다면, 대중은 과연 누구를 뽑을까요?

　괜한 걱정이 아닙니다. 실제로 우리 정치판에서는 고

르기아스나 이온 같은 사람이 국회의원으로 당선되기도 하니까요. 우리나라에서만 그런 게 아니라 요즘 전세계적으로 일어나는 현상입니다. 정치인이 갖추어야 할 소양 없이 그저 방송에 자주 출연하는 사람들이 국회의원에 당선됩니다. 반면 아무리 정치인의 소양을 갖춘 사람이라도 대중에게 얼굴이 알려지지 않으면 국회로 가기가 매우 어렵지요. 플라톤은 이처럼 진정한 정치인과 얼치기 정치꾼을 가려내지 못하는 민주정을 싫어했던 겁니다. 그래서 '철인'이라는 말로써 정치인의 자격을 엄격히 제한하려 했지요.

하지만 플라톤이 만든 기준에는 큰 문제가 있습니다. 예를 들어 그에게 이렇게 물을 수 있을 겁니다. '사람마다 가치관이 다르다. 그러니 좋은 정치인을 가르는 기준도 각자 다를 수 있지 않은가. 내게는 훌륭한 정치인이 누군가에게는 얼치기일 수도 있지 않은가.' 실제로 선거 때만 되면 이런 일이 종종 벌어집니다. 아니, 늘 벌어지죠. 가령 A당 지지자는 A당 후보만이 참된 정치인이며, B당 후보는 시뮬라크라에 불과하다고 주장합니다. 반면 B당 지지자는 자기 당 후보야말로 참된 정치인이며 A당 후보는 시뮬라크라에 불과하다고 주장하지요. 그러니 누구를 뽑아야 할까요? 사실 A당도 B당도 지지하지 않는 이들의 눈에는 두 후보가 그저 똑같아 보일 뿐입니다. 도대체 둘 중에서 누가 이상적 정치인의 속성을 지닌 '복제'이고, 누가 그마저도 지니지 못한 시뮬라크라, 즉 사이비일까요? 과연 그걸 가리는 절대적 기준, 그리하여 모든 이가 동의하는 보편적 기준이 있기나 한 걸까요?

어쩌면 그런 보편적 기준, 절대적 기준은 존재하지 않는지도 모릅니다. 그런 생각을 철학에서는 '상대주의'라 부릅니다. 플라톤이 살던 시대 그리스에는 실제로 상대주의자들이 있었습니다. '소피스트'라 불리는 사람들인데, 플라톤은 이들을 매우 싫어했지요. 철학적으로 그들의 생각에는 커다란 문제가 있거든요. 상대주의자들의 말대로 '보편적' 진리가 없다면, 굳이 내가 옳고 너는 틀렸다며 다툴 필요도 없을 겁니다. 네 진리가 따로 있고 내 진리가 따로 있다면, 우리는 회의주의에 빠지게 됩니다. 이 때문에 소피스트들은 철학사에서 오랫동안 '궤변론자'로 치부되며 비난을 받아왔습니다. 하지만 어떤 관점에서는 소피스트들의 생각이야말로 오늘날의 자유민주주의 신념에 가장 근접해 있는지도 모릅니다. '너의 진리와 나의 진리가 다르지만, 굳이 어느 한쪽으로 통일할 필요는 없다. 자기의 진리를 상대에게 강요하지 말자. 서로 다름을 인정하고, 그 차이를 존중하며 더불어 살아가자.' 얼마나 깔끔합니까?

외려 위험한 것은 플라톤의 철인정치인지도 모릅니다. 정치를 소수의 엘리트에게 맡겨두는 사회는 전체주의로 빠지기 십상이거든요. 그 대표적인 예가 위대한 수령을 모시고 사는 북한이지요. 과거에는 히틀러의 독일이 있었고요. 이런 나라들은 일부 권력자가 나라의 모든 중요한 결정을 내리고, 일반 대중은 그런 일에 참여하는 것을 금지합니다. 진리는 우리에게 있으니 너희는 몸만 움직이라는 거지요. 뭐, 플라톤의 의도가 독재국가를 만드는 것은 아니었겠지만, 저는 개인적으로 진리에 대한 확신이 강한 철학자들보다는 차라리 지역 유권자들 눈치 보며 때로 신념을 접을 줄도 아는 저 여의도 한량들에게 정치를 맡겨두는 게 백배 낫다고 믿습니다. 물론 민주주의에는 언제든지 중우정치로 흐를 위험이 내재되어 있습니다. 하지만 그 대안이 철인과 같은 소수의 엘리트에게 정치를 맡겨두는 것은 아닐 겁니다. 그럼 이 문제를 어떻게 풀어야 할까요? 유일한 해결책은 대중이 현명해지는 것뿐입니다. 실제로 한 나라의 민주주의 수준은 그것을 운영하는 주체인 대중의 지적 성숙성에 달려 있습니다.

공동체주의와
자유주의

다시 한번 '좋은 정치란 무엇인가?' 하는 물음으로 돌아가보지요. 이 물음을 놓고 고대 그리스 이래로 수많은 논쟁이 이어져왔습니다. 우리 사회에서도 마찬가지인데요. 그 치열한 논쟁을 잘 들여다보면, 그 안에서 정치의 본질을 상이하게 보는 두 가지 시각이 대립하는 것을 볼 수 있습니다.

하나는 공동체주의(communitarianism)입니다. 이 시각에 따르면 정치란 사회적 공공선을 쌓아가는 활동이며, 그 과정에서 국민은 덕을 함양하게 됩니다. 한마디로 정치를 인간의 도덕적·윤리적 완성을 위한 활동으로 보는 것이지요. 고대의 아리스토텔레스부터 현대의 알래스데

어 매킨타이어(Alasdair MacIntyre)까지 공동체주의자들은 정치에 계층 간 이해관계의 조정을 넘어서는 목적을 부여합니다. 하지만 저처럼 개인의 자유를 우선하는 사람은 그런 말을 들으면 대번 짜증부터 납니다. 대체 사회 성원 모두가 추구해야 할 공공선과 도덕성이 뭘까요? 그리고 무엇이 공공선이고 무엇이 도덕성인지 누가 규정하고요? 예를 들어 태극기집회에 나온 노인들은 '애국'이 국가의 토대가 되어야 한다고 굳게 믿지요. 그래서 자기들식의 '애국'에 찬성하지 않는 사람들은 '빨갱이'로 몰아 국가에서 배제하려 합니다.

실제로 공동체주의가 극단으로 흐르면 북한 같은 전체주의 국가가 됩니다. 북한은 국민 전체가 공산주의 건설이라는 하나의 목표를 향해 움직이지요. 소수 의견이란 있을 수 없고요. 또 다른 예로 이슬람 국가는 '종교'를 토대로 하고 있습니다. 우리에게 종교는 사적 영역이지만, 그 나라에서는 종교가 공적 영역에 속합니다. 물론 한 국가가 유지되려면 그 국가의 성원들이 어떤 가치를 공유해야 하는 것은 사실입니다. 다만 그 요구가 극단적이 되어서는 안 되지요. 그랬다가는 사회 전체가 국가를 자처하는 특정 개인이나 세력이 제시하는 덕성을 쌓는 이상한 수도원 같은 사회로 전락하게 됩니다.

다른 하나는 자유주의(liberalism)입니다. 자유주의자들은 애초에 사회 성원 전체가 합의하고 공유할 수 있는 가치관이란 존재하지 않는다는 현실적 판단을 전제로 합니다. 사람마다 이념과 가치관이 다를 수밖에 없음을 인정하자는 거지요. 그 차이 못지않게 중요한 것이 계층 간 물질적 이해관계의 차이입니다. 자유주의는 경제적·정치적·문화적·윤리적 차이를 인정하는 가운데 대화와 타협을 통해 차이에서 비롯되는 대립을 조정하는 것을 '정치'라 부릅니다. 한마디로 정치란 어떤 공공의 선을 구현하기 위한 윤리적 활동이 아니라, 당사자들 간의 이해관계를 조정하는 실용적 절차라는 것이지요. 그 때문에 자유주의자들은 국가주의든, 가족주의든, 전통주의든, 국가에서 어떤 가치를 강요하는 것에 심한 거부감을 느낍니다.

예를 들어 국기에 대한 경례, 굉장히 싫어하지요. 국기에 경례를 할지 말지는 개인이 선택해야 할 문제입니다. 제가 독일에서 결혼할 때도 비슷한 일을 겪었는데요, 문서에 계약결혼은 인정하지 않는다는 구절이 들어 있었기 때문입니다. 독일 보수주의자들이 사회에서 합의된 도덕이라는 명분으로 집어넣은 내용이었지요. 이것 역시 왜 그들이 정한 규칙을 따라야 하는지 이해할 수 없었습니다. 혼인관계를 평생 유지하든 일시적으로 유지하든, 그건 개인이 자유롭게 선택해야 하지 않겠습니까? 그걸 왜 사회가 강요하는지 모르겠습니다.

오늘날 자유주의는 정치이념을 넘어 대부분의 나라에서 사회적 상식이 되었습니다. 개인의 자유와 권리를 폭넓게 허용해주는 사상이기 때문입니다. 물론 나라마다 차이는 있습니다. 예를 들어 동일한 표현의 자유라 해도 독일에서는 인종차별 발언을 하면 법적 처벌을 받습니다. 하지만 미국에서는 KKK단과 같은 노골적인 인종주의 집단의 활동도 허용됩니다. 우리나라에서는 국가보안법(국보법)이 문제가 되고 있지요. 유엔에서 폐지를 권고하고 있지만, 아직 우리 정부는 국보법을 유지하고 있습니다. 엄밀히 말해 국보법은 사상의 자유, 표현의 자유를 중시하는 자유주의 이념을 위배하는 법입니다.

물론 자유주의에도 극단적인 흐름들이 있지요. 특히 자유주의가 시장의 영역에서 극단적인 형태로 나타나면 사회적으로 커다란 문제가 발생합니다. 언젠가 자유기업원(현 자유경제원)의 초대 원장이었던 공병호씨가 장기의 자유거래를 허용하자고 주장한 적이 있지요. 개인끼리 장기를 사고파는 것을 국가가 금지하는 것은 부당하다고 했습니다. 이런 극단적 흐름을 자유주의와 구별하여 '자유지상주의'(libertarianism)라고 부르기도 합니다.

자유지상주의란 쉽게 말해 국가가 개입하지 말고 모든 것을 시장에 맡겨두라는 주장입니다. 새로운 주장은 아니지요. 애덤 스미스(Adam Smith)는 국가의 개입이 없어도 시장은 '보이지 않는 손'에 의해 자동으로 조절된다고 말했습니다. 이 고전적 자유주의 신념은 1930년대 대

공황이 발발하면서 붕괴합니다. 그 후 자본주의 시장경제에 사회주의 계획경제의 특성을 결합한 케인스주의가 서구 경제를 이끄는 이념이 되죠. 국가가 개입하지 않았더니 시장이 과잉생산─과소소비의 불균형에 빠져들었고, 빈부격차의 확대로 사회가 불안정해졌다는 겁니다. 이 때문에 케인스주의에서는 국가가 시장에 경제조정적·사회복지적으로 개입할 것을 주장합니다. 하지만 1970년대에 들어서면서 서구의 복지국가는 늘어나는 재정지출 탓에 지속 가능성의 위기를 맞게 됩니다. 그러자 프리드리히 하이에크(Friedrich Hayek)와 같은 경제학자가 다시 고전적 자유주의를 들고나옵니다. 이를 '신자유주의'라고 하는데, 정치적으로 레이거노믹스(Reaganomics)와 대처리즘(Thatcherism)이라는 형태로 나타났지요.

1970년대 이후 전세계가 한동안 신자유주의 물결에 휩싸여왔습니다. 우리나라도 이 흐름에서 자유롭지 못해 1997년 IMF 외환위기 이후 사회에서 신자유주의화가 급속히 진행되었지요. 고용유연성이라는 명목하에 비정규직이 늘어났고, 기업들을 위해 규제를 완화하고 법인세를 깎아주는 등 다양한 정책이 시행되었습니다. 그 결과 경제에 활력이 떨어지고 사회에 빈부격차만 확대되었지요. 결국 2000년대를 넘어서며 신자유주의에 대한 저항과 불신이 세계적으로 확산되어갑니다. 급기야 세계 각국의 정부에서 신자유주의의 종언을 말하기 시작합니다. 얼마 전 노벨경제학상을 받은 폴 크루그먼(Paul Krugman)이 이런 얘기를 했죠. "그 손이 보이지 않는 것은 그냥 존재하지 않기 때문이다." 이런 흐름은 이미 우리 사회에서도 나타나고 있지요. 진보와 보수를 가리지 않고 19대 대선에 출마한 후보 대부분이 저마다 법인세 인상과 복지 확대를 약속하고 나섰습니다. 계속 이런 식으로 가다가는 더 이상 사회가 유지될 수 없다고 느꼈기 때문이겠죠.

　자유주의와 공동체주의가 서로 대립만 하는 것은 아닙니다. 사실 현대의 정치 지형은 공동체주의와 자유주의의 다양한 결합으로 만들어집니다. 멀리 갈 것 없이 우리나라를 예로 들어보지요. 첫째, 보수정당은 정치적으로는 공동체주의(국가주의)를 견지하나 경제적으로는 자유지상주의(신자유주의)를 주창하는 경향을 보입니다. 둘째, 더불어민주당(민주당)과 같은 중도정당은 정치적으로나 경제적으로나 자유주의를 견지하지요. 하지만 경제 영역에서 그들의 자유주의는 때로 신자유주의로 흘러가기도 합니다. 국민의정부와 참여정부의 경제정책도 신자유주의에서 자유롭지 못했습니다. 마지막으로 정의당과 같은 진보정당은 정치적으로 자유주의를, 경제적으로는 공동체주의(복지국가)를 견지합니다.

누구나 정치적 판단을 내릴 때는 개인의 이해와 공동체의 가치를 동시에 고려할 겁니다. 때로는 나에게 무언가 이익을 주는 정당에 표를 던지는가 하면, 때로는 내 이익과 관계없이 내가 추구하는 가치를 위해 표를 던지기도 하지요. 우리나라 진보 진영에서 '계급배반 투표'라는 말을 자주 씁니다. 서민들이 도무지 이해할 수 없는 투표를 하거든요. 먹고살기 버거운 분들이라면 당연히 복지를 중시하는 정의당이나 민주당을 지지할 것 같지요? 그런데 정작 투표 결과를 보면 보수정당의 지지는 외려 저소득층에서 높게 나타납니다. 강남의 고소득·고학력층과 전국의 저학력·저소득층이 같은 정당에 표를 던지는 셈이지요. 이런 계급배반 투표가 왜 일어나는지 이러저러한 분석도 나왔습니다. 그중 하나가 저소득층은 공부할 시간도 없고 생계에 시달리다보니 정치적 판단에 필요한 여유가 없다는 겁니다. 그래서 과거에 들어온 대로, 언론에 세뇌되어서 보수정당을 찍는다는 것이지요.

어떻게 감히 이런 소리를 하는지 모르겠습니다. 그렇게 대충 투표하는 분들이 얼마나 될 것 같습니까? 그분들도 모두 평생 쌓은 경험을 토대로 표를 던지는 겁니다. 비록 내 삶이 더 팍팍해지더라도 자발적으로 국가주의라는 보수적 가치를 지지하는 거죠. 흔히 말하는 '리무진 좌파'는 이와 정반대고요. 미국의 경우 상속세를 낮추거나 없애겠다고 하면 외려 부자들이 반발합니다. 설사 내가 손해를 좀 보더라도 '더불어 산다'는 공동체적 가치가 더 중요하다는 겁니다. 우리나라에서도 마찬가지입니다. 얼마 전 여론조사를 보니 서민정당을 표방하는 진보정당의 지지자들이 여러 정당의 지지자 중에서 가장 고소득·고학력층이라고 하더군요. 이처럼 정치적 선택은 경제적 이해관계를 뛰어넘어 정치적·윤리적 가치에 따라 이루어지기도 합니다.

요약을 하죠. 정치의 본질을 바라보는 시각은 크게 두 갈래로 나뉩니다. 하나는 정치가 공공의 선이나 공공의 덕과 같은 가치를 실현하는 윤리적 행위라는 입장, 다른 하나는 정치가 상이한 계급·계층 간 물질적 이해관계를 조정하는 실용적 절차라는 입장. 둘 중 어느 것이 더 옳은지 가릴 수는 없습니다. 대부분 사람들은 두 가지 입장을 동시에 지니고 있다가, 그때그때 상황에 따라 두 요소를 적절히 배합하여 판단을 내린다고 보는 게 옳을 것입니다.

자유주의와
민주주의

우리나라는 자유민주주의 국가입니다. 많은 국가체제 중 자유민주주의를 선택한 것이지요. 자유민주주의란 자유주의와 민주주의가 결합한 말인데요, 자유주의와 민주주의는 서로 보족적이고 친화적인 관계로 보입니다. 대개 자유주의 국가는 민주적이고 민주주의 국가는 자유를 지향하니까요. 그런데 사실 자유주의와 민주주의는 서로 상반된 개념입니다. 일단 민주주의는 평등주의와 집단주의의 이념입니다. 모든 사람이 법 앞에서 평등하다고 강조하지요. 그리고 그 안에서의 의사결정은 다수결을 통해 이루어집니다. 반면 자유주의는 집단보다 개인을 중시하지요. 그래서 개인에게는 국가가 함부로 빼앗을 수 없는 신성한 사유재산과 국가가 함부로 관여할 수 없는 사적 영역이 있다고 봅니다. 제아무리 국가라도 적절한 이유 없이 내 재산을 압류하거나, 적절한 절차 없이 내 침실과 통장을 들여다봐서는 안 되지요. 민주주의와 자유주의 원리가 충돌하는 예는 복지제도가 발달한 스웨덴에서 찾을 수 있습니다. 스웨덴은 내 통장을 이웃이 합법적으로 들여다볼 수 있습니다. 개인의 사생활도 중요하지만, 그보다 중요한 가치가 사회정의라는 얘기지요.

자유주의와 민주주의는 역사적 연원도 다릅니다. 자유주의는 주로 영국에서 발달한 개념이지요. 왕이 시민계급, 즉 상공업에 종사하는 부르주아 계급에게 세금을 너무 많이 걷으니, 국가의 자의적 폭력에서 개인의 재산과 자유를 보호하기 위해 생겨난 게 자유주의 이념입니다. 영국인들은 국가로부터 '자유'를 원했던 겁니다. 오늘날에도 앵글로색슨 국가는 유럽의 나라들에 비해 자유주의 성향이 강합니다. 반면 민주주의는 무엇보다 '평등'을 중시하는 이념으로 프랑스에서 발달했습니다. 프랑스혁명을 생각해보세요. 당장 떠오르는 게 '제3신분'이라는 말일 겁니다. 원래 제1신분은 성직자 계층, 제2신분은 귀족 계층, 제3신분은 이들을 제외한 나머지 모든 인민대중을 가리킵니다. 제3신분은 사회의 대다수를 차지함에도 불구하고 자신들의 정치적 대표체를 갖지 못했습니다. 그래서 이들이 혁명을 일으킨 겁니다. 하지만 혁명으로 신분의 평등이 이루어진 후에는 다시 제3신분 내에서 계급 차이가 문제가 되기 시작합니다. 똑같이 제3신분이라도 자산가와 노동자는 처지가 완전히 다르거든요. 그래서 여기에 다시 '평등'의 문제가 제기됩니다. 그리하여 1871년 비록 단명했지만 세계 최초로 사회주의 공화국인 파리코뮌이 탄생했지요. 이 모두가 결국 완전한 평등을 향한 운동이었다고 할 수 있습니다.

자유민주주의는 이렇게 서로 상반된 특성을 동시에 지니고 있는데요. 실은 두 개념이 결합함으로써 각각의 단점을 보완해줍니다. 민주주의, 즉 평등을 우선하는 방향으로 치우치면 다수에 의한 폭력이 일어날 수 있습니다.

다수가 결정했다면 소수는 불이익을 당하더라도 무조건 따라야 하는 것이지요. 그럴 때 개인을 중시하는 자유주의가 필요합니다. 자유주의는 소수의 희생을 무시하지 않기 때문이지요. 반면 지나친 자유 탓에 사회적 문제가 발생하면, 민주주의의 평등 원칙으로 교정할 수 있습니다. 이런 교정은 시장경제에서 자주 일어납니다. 예를 들어 경제를 사기업들의 자유에 맡겨놓으면 필연적으로 빈익빈 부익부 현상이 일어납니다. 이때 분배의 정의를 실현하기 위해 국가가 영업의 자유에 정책적으로 개입합니다. 가령 최저임금을 설정한다든지, 비정규직 채용 요건을 제한한다든지, 대기업과 중소기업 사이의 불공정한 거래 관행을 시정한다든지, 프랜차이즈 본사를 비롯한 여러 갑들의 횡포를 막기 위한 정책들을 시행하는 것이지요.

남한이 자유민주주의를 채택했다면 북한은 공산주의를 채택하고 있습니다. 남한의 자유민주주의가 공동체와 개인 사이의 균형을 중시한다면, 북한의 정치체제는 집단을 개인 위에 올려놓습니다. 북한에 자유주의적 요소는 전혀 없다고 봐도 지나치지 않지요. 북한의 다른 이름이 무엇입니까? '조선민주주의인민공화국'이지요? 이름에서부터 '자유'가 빠져 있습니다. 북한은 자유주의 없는 민주주의, 즉 사회의 다수인 인민의 독재를 자처합니다. 북한이 늘 인권 문제로 국제적 비난을 받는 것도 실은 그와 관련이 있지요. 북한과 남한은 이렇게 헌법, 쉽게 말해 사회 구성원들이 합의한 가장 기본적인 규칙부터 다릅니다. 같은 언어를 사용하는 한 민족이 이질적인 정치체제에 살다보니 서로 이해하기조차 힘듭니다. 불행한 일이지요.

분단이 되기 전에는 어땠을까요? 해방 직후 이뤄진 어느 여론조사의 결과를 보면 당시 우리 국민 중 70퍼센트가 좌익과 우익이 혼합된 시스템을 원했다고 합니다. 자유주의 시장경제라는 토대 위에 사회주의 요소를 혼합한 체제인데요, 굳이 찾자면 오늘날 유럽의 사회민주주의(사민주의) 체제와 유사합니다. 1948년에 제정된 제헌의회의 헌법은 오늘날의 눈으로 봐도 매우 진보적입니다. 저도 독일 유학 시절에 대학의 한국학과 도서관에 비치된 대한민국 헌법을 읽어봤습니다. 물론 여러 번 개정한 것이지만 그 모태는 제헌헌법이지요. 읽어보니 대단히 진보적이더군요. 젊은 시절 제대로 읽지도 않고 부르주아 헌법이라며 파기해야 한다고 했던 게 부끄러워졌습니다. 사실 지키지 않아서 그렇지, 우리 헌법에는 진보적 내용이 충분히 들어가 있습니다. 일례로 평등과 복지를 위해 국가가 시장에 개입할 권리가 헌법에 보장되어 있지요. 그렇지 않았다면 요즘 나오는 경제민주화 관련 정책들은 위헌 판결을 받을지도 모릅니다. 아무튼 해방 직후 민중의 대다수는 사민주의적 혼합 체제를 선호했지만, 안타깝게도 분단으로 인해 남북에는 좌우의 극단적 체제가 들어서버렸습니다.

국가주의와
민족주의

　분단 이후 자유민주주의 체제는 사실 남에도 북에도 존재하지 않았습니다. 물론 대한민국은 1948년 정부 수립 이후 자유민주주의를 표방해왔습니다. 하지만 1987년 6월 항쟁으로 군부독재가 무너지기 전까지 대한민국은 진정한 의미의 자유민주주의와는 거리가 멀었지요. 분단 이후 남한을 장악한 것은 박정희식 국가주의(statism)였고, 북한을 장악한 것은 김일성식 민족주의(nationalism)였습니다. 국가주의나 민족주의나 애초에 자유주의와 거리가 먼 전체주의입니다. 북한이 민족주의 정권이라는 게 잘 이해되지 않을지도 모르겠습니다. 간단히 설명을 드리죠. 본래 민족주의와 국가주의는 모두 우익의 이념입니다. 서구 선진국에서 민족주의자는 곧 국가주의자거든요. 예를 들어 독일 민족의 우월성을 주장한 히틀러는 민족주의자인 동시에 강력한 국가주의자기도 했지요. 흥미로운 것은 과거에 식민지였던 나라들에서는 민족주의와 국가주의가 분리되어 나타난다는 점입니다. 왜 그럴까요? 일제강점기를 떠올려봅시다. 그때 조선은 하나의 '민족'이었습니다. 하지만 일본이라는 '국가'의 통치를 받았지요. 그래서 국가와 민족이 서로 일치할 수 없었습니다.

식민지 나라에서 국가주의는 식민 지배의 이념으로, 민족주의는 식민 지배에 저항하는 해방의 이념으로 나타납니다. 우리나라의 경우 친일파는 일본의 국가주의자로 행세했고, 독립운동가들은 조선의 민족주의자로 활동했지요. 그러다 해방이 되자 친일파는 우익이 되었고, 민족주의자는 졸지에 좌익으로 몰리게 되었습니다. 거기에는 이유가 있는데, 식민지 시절 민족 해방을 꿈꾸던 투사들 상당수는 사회주의 이념을 따랐습니다. 제국주의 자체가 자본주의의 한 형태이기 때문에 거기에 사회주의로 맞서야 한다고 생각했기 때문입니다. 그러다보니 민족주의자 중 다수가 실제로 사회주의 성향을 띠게 되었지요. 물론 백범 김구처럼 민족주의 우익의 입장을 견지하신 분들도 많았습니다. 하지만 이분들마저도 해방 직후의 극심한 이념 대립 속에서 '반공'이라는 새로운 칼을 쥔 친일파 출신 우익들에게 '좌익'으로 몰려야 했습니다. 그리고 그 역사는 끝나지 않았습니다. 아직도 선거철마다 '색깔론'이 빠지지 않고 등장하는 것을 생각해보세요.

6·25전쟁 이후 북한은 '민족사회주의' 국가가 되고, 남한은 5·16쿠데타 이후 '국가주의' 사회로 변모하게 됩니다. 남한에나 북한에나 '자유민주주의' 체제는 존재하지 않았지요. 북한에서는 연안파, 소련파 등 이견을 가진 이들이 김일성의 손에 모조리 숙청당했습니다. 이렇게 저항의 주체마저 뿌리 뽑혔다는 것이 북한 사회의 비극입니다. 반면 남한은 적어도 겉으로는 '자유민주주의'를 표방했습니다. 그 덕에 독재정권하에서도 시민들의 저항운동이 가능했지요. 예를 들어 박정희 이전에 이승만 민간독

재를 끝장낸 4·19혁명이 있었고, 박정희 정권 때는 유신 체제의 몰락을 가져온 부마항쟁이 있었으며, 전두환 통치 하에서는 5·18민주화운동과 군부독재를 종언시킨 6월항 쟁이 있었습니다. 이 빛나는 전통은 박근혜 전 대통령 탄핵을 성사시킨 평화로운 촛불집회로 이어졌지요. 우리의 자유민주주의는 이렇게 아주 오랫동안 국가주의와의 험난한 싸움을 통해 조금씩 발전해온 것입니다.

혁명이냐
유신이냐

    이번에는 한국의 민주주의에 대해서 말씀드리겠습니다. 젊은이들이 '헬조선'이라 부르는 이 나라에 자긍심을 느낄 만한 것이 한 가지 있다면, 이 나라 국민들이 필사적으로 민주주의를 수호했다는 사실을 꼽고 싶습니다. 그건 다른 나라도 마찬가지 아니냐고 하실지 모르겠는데요, 적어도 아시아에서는 민주주의 수호에 관한 한 우리나라가 독보적인 위치에 있습니다. 혹시 민주주의라는 말이 어떤 나라에서는 욕설로 사용된다는 것을 아십니까? 사실 아시아는 매우 보수적인 사회지요. 그런 사회 속의 보수주의자 중에는 노골적으로 민주주의를 서구에서 유입된 퇴폐문화 정도로 치부하는 이들도 있습니다.

그 대표적인 인물이 싱가포르의 국부라고 불리는 리콴유 전 총리입니다. 요즘 싱가포르로 여행들 많이 가시죠? 많은 이들이 쓰레기 하나 없이 깨끗한 거리를 보고 감탄하곤 합니다. 하지만 조금만 생각해보면 황당한 일이죠. 거리가 깨끗하면 좋기야 하겠지만, 그렇다고 쓰레기 버리는 사람을 경찰이 체포해 법적으로 처벌까지 할 일입니까? 저는 아무리 거리가 깨끗해도 쓰레기 좀 버렸다고 국가가 시민을 매질하는 나라에서 살고 싶지는 않습니다. 아시다시피 싱가포르에는 아직도 태형이 있습니다. 국가가 시민의 신체를 훼손할 권리까지 갖고 있는 것이지요. 어떻게 현대 국가에 봉건적 신체형이 남아 있을 수 있을까요? 거기에도 이유가 있습니다. 리콴유는 민주주의가 본질적으로 서구의 제도라고 주장합니다. 애초에 아시아에는 맞지 않기 때문에 싱가포르에는 '아시아적 가치'가 필요하다는 것이지요. 그 아시아적 가치라는 게 뜯어보면 결국 엘리트들의 권위주의 통치를 의미합니다. 리콴유의 궤변은 이미 우리 귀에 매우 익숙합니다. 유신 시절 박정희는 자신의 독재가 '한국적 민주주의'라고 우겼으니까요.

리콴유에게 발끈해서 반론을 펼친 사람이 있으니, 바로 김대중 전 대통령입니다. 민주주의는 서구에만 국한되지 않는 인류 보편의 가치라고요. 그렇기 때문에 한국은 이 인류 보편의 가치를 앞으로 소중히 지켜나갈 것이라고 했지요. 이게 그 유명한 '아시아적 가치 논쟁'입니다. 사실 리콴유의 말은 듣기 거북하지요. 결국 아시아인들은 민주주의를 누릴 권리나 자격이 없다는 뜻으로 들리니까요. 싱가포르의 예만 봐도 아시아에서 민주주의에 대한 생각이 나라마다 상당히 다르다는 사실을 알 수 있습니다. 우리가 당연하게 생각하는 게 모든 나라에서 당연한 것은 아닙니다.

또 다른 예로는 일본을 들 수 있습니다. 일본과 우리나라는 민주주의와 관련해 겪은 역사적 경험이 굉장히 다릅니다. 물론 일본은 고도로 발전한 사회고, 민주주의라는 면에서 한국보다 앞선 부분이 많을 겁니다. 하지만 종전 후 수십 년 동안 거의 자민당만이 통치해온 것을 보면,

과연 일본이 진정한 의미의 민주주의 사회인지 살짝 의심됩니다. 민주주의라는 게 여당과 야당 사이에 주기적으로 정권이 왔다 갔다 해야 정상이거든요. 사실 일본의 민주주의는 민중이 투쟁으로 쟁취한 것이라기보다 패전의 결과로 미국에게서 강제로 넘겨받은 것에 가깝습니다. 반면 우리나라는 그 역사가 그리 길지 않고 아직 갈 길이 멀기는 하지만, 적어도 민중의 손으로 민주주의를 쟁취했습니다. 4·19혁명부터 6·3운동, 서울의 봄, 5·18민주화운동, 1987년 6월항쟁까지, 민주주의를 위해 수많은 사람이 들고일어났습니다. 이 역사적 승리의 기억 덕분에 우리의 시민의식 속에는 민주주의가 목숨을 걸고서라도 반드시 수호해야 하는 가치로 자리 잡은 겁니다.

일본은 다릅니다. 일본에서는 역사적으로 아래에서 위로 올라가는 혁명이 성공한 예가 없습니다. 일본에서 일어난 개혁은 늘 위에서 아래로 내려오는 것이었지요. 지배층이 개혁을 하면 국민이 그 뒤를 따라가는 형태였는데, 다행인지 불행인지 그 개혁들이 꽤 성공적이었던 덕에 아래에서는 찍소리도 내지 못했습니다. 지배층의 결정을 따르면 모든 일이 알아서 잘 풀린다는 기대감이 있기에 일본에서는 국민이 주도하는 혁명이 일어나기 어렵습니다. 일본에서 지배층이 일으킨 혁명을 뭐라고 부릅니까? 바로 '유신(維新)'이지요. 메이지유신(明治維新)이 그 대표적인 사례입니다. 일본은 위로부터의 개혁을 통해 아시아의 봉건국가에서 세계열강에 속하는 근대국가로 아주 성공적으로 변모할 수 있었지요. 그 정신을 받아들인 사람이 박정희입니다. 박정희 정권의 근대화 역시 꽤 성공적이었습니다. 지금 태극기집회에 나오는 이들의 뇌리에는 바로 이 빛나는 성공의 기억이 깊이 각인되어 있는 겁니다. 하지만 박정희 정권은 위에서 내려가는 개혁을 하기 위해 아래에서 올라오는 욕구를 억누를 수밖에 없었습니다. 박정희가 영구집권을 위해 도입한 헌법의 이름 앞에 '유신'이라는 말을 붙인 데는 이런 의미가 있었던 것입니다.

다시 일본으로 돌아가보죠. 일본은 근대화하는 가운

데 서구 여러 나라의 제도를 선택적으로 모방했습니다. 현재 일본은 의원내각제를 채택하고 있지요. 제도는 서구식이지만, 그 운영은 철저히 일본식입니다. 일본에서 정권 교체는 '일상'이 아니라 '예외'에 속하니까요. 제도는 민주적이어도, 그 실질은 권위주의적 통치가 계속되고 있는 겁니다. 심지어 일본 사회에는 민주주의를 적대시하는 경향도 있습니다. 민주주의가 태평양전쟁에서 진 탓에 미국으로부터 강제로 떠안은 이질적인 시스템이라는 거죠. 실제로 일본의 우익들은 예전에는 천황을 중심으로 나라가 똘똘 뭉쳤는데 민주주의 탓에 그 훌륭한 전통이 무너졌다고 생각합니다. 그래서 미시마 유키오(三島由紀夫) 같은 유명한 작가는 다시 천황을 중심으로 국가주의 이념을 세워야 한다고 주장하며 할복자살을 했지요. 지금도 마찬가지입니다. 일본이 헌법을 개정하여 '전쟁을 할 수 있는 나라'로 거듭나려고 애쓰는 바탕에는 천황의 군대를 되살려 과거 일본제국의 영광을 오늘날 재현하고 싶은 욕망이 깔려 있습니다.

할복자살을 앞두고 연설하는 미시마 유키오.

이쯤에서 동아시아의 또 다른 나라로 눈을 돌려보죠. 중국은 일본과도 다릅니다. 알다시피 중국은 공산주의 체제지요. 거기에 굉장히 강한 엘리트 체제가 결합되어 있습니다. 중국에서 공산당의 지도자가 되려면 수없이 많은 단계를 거쳐야 합니다. 뛰어난 인재들이 수많은 관문을 거치는 과정에서 거르고 걸러져, 최고 지도부 단계에 이르면 정말 엘리트 중의 엘리트만 남게 되지요. 바로 이 최고 엘리트들이 공산당과 중국 정부를 움직이는 겁니다. 때로는 차라리 중국의 공산주의자들이 우리나라의 자본주의자들보다 자본주의를 더 잘 운영한다는 느낌까지 받습니다. 이렇게 엘리트가 성공적으로 통치하니 아래에서 올라오는 시민의 힘은 무력해질 수밖에 없지요. 외국에서 만난 이들과 정치 얘기를 하다보면, 대부분 자기네 정부나 대통령을 비판합니다. 정치인을 좋아하는 사회는 아무 데도 없으니까요. 그런데 중국 사람들은 다릅니다. 제가 만나본 거의 모든 이가 공산당에 대해 확고한 신뢰를 표명하더군요. 그만큼 국가 엘리트들을 믿는 거지요. 그런 사회에서는 민주주의가 그리 중요한 가치로 여겨지지 않습니다.

비록 우리의 민주주의가 역사가 짧아 그리 성숙한 편은 아니지만, 그래도 우리나라에 민주주의를 제 목숨만큼 소중히 여기는 전통이 존재하는 것은 미래를 위한 실로 위대한 자산이라고 생각합니다. 예를 들어 4·19혁명은 제3세계에서 일어난 최초의 시민혁명이었습니다. 이 운동은 저 멀리 쿠바혁명에까지 영감을 주었지요. 찰스 라이트 밀스(Charles Wright Mills)가 쓴 『들어라, 양키들아』(Listen, Yankee)에 그 얘기가 나옵니다. 어린 시절 그 구절을 읽고 뿌듯해했던 기억이 있습니다. 그리고 5·18민주화운동은 아시아 각국의 민주항쟁에 영향을 주었지요. 「임을 위한 행진곡」이 아시아 여러 나라의 언어로 번역되어 불리는 것을 생각해보십시오.

사실 민주주의라는 제도는 우리가 만든 것이 아니라 외국에서 들여온 것입니다. 하지만 밖에서 들여올 수 있는 것은 제도뿐입니다. 그 제도의 내실을 채우는 것은 결국 시민들의 몫이지요. 그동안 우리는 민주주의를 외국의 제도라고 내치지 않고 착실하게 내실을 채워왔습니다. 그 내실이 어느 날 갑자기 채워지지는 않지요. 매우 지난한 과정을 거쳤고, 아래로부터 이루어지는 혁명은 지금도 진행 중입니다. 1960년의 4·19혁명부터 2016~17년의 촛불집회까지, 모두 민주주의의 내실을 채우는 장구한 과정의 일부였습니다.

시민혁명이란 단번에 완성되는 게 아니고, 부침이 심하기 마련입니다. 프랑스혁명 또한 그랬지요. 첫 봉기가 1789년에 일어났지만 단숨에 성공하지는 못했습니다. 왕정복고도 됐다가 1830년과 1848년에 또 다른 봉기가 일어나고, 1871년에는 파리코뮌이라는 사회주의 혁명도 있었지요. 프랑스도 100년 가까운 시간이 걸려서야 비로소 혁명을 완수할 수 있었던 겁니다.

우리도 한창 혁명의 한복판을 통과하고 있습니다. 촛불집회로 정점을 찍었지만 아직 할 일이 많이 남아 있지요. 형식적 민주주의는 서서히 완성돼가지만, 그것을 실질적 민주주의로 바꿔놓는 과제가 아직 남아 있습니다. 금수저와 흙수저가 동등하게 한 표를 갖는다고, 실제로 그 둘이 평등하던가요? 바로 그 문제가 남아 있습니다.

산업화와
민주화

남은 과제는 우리의 민주주의를 형식적 평등을 넘어 실질적 평등을 구현하는 제도로 바꿔놓는 것입니다. 그 문제로 넘어가기 전에 그동안 우리의 민주주의가 어떤 길을 걸어왔는지 살펴볼 필요가 있습니다. 그동안 무엇이 부족했고, 또 무엇을 잘했는지 알아야 미래를 모색할 수 있으니까요.

먼저 이승만 정권 시절부터 시작하죠. 이승만도 박정희처럼 독재자였습니다. 하지만 둘 사이에는 차이가 있죠. 사실 이승만 정권 때가 박정희 시절보다 훨씬 자유로웠습니다. 이승만 정권 때만 해도 검찰과 언론과 군대를 비롯해 사회의 많은 분야가 비교적 제대로 운영되었습니다. 4·19혁명이 일어나는 과정에서 언론은 제 역할을 했고, 그 정치적 혼란의 와중에서도 군은 정치적 중립을 지켰으니까요. 사상의 자유를 탄압하는 국가보안법도 존재하지 않았습니다. 왜 그랬을까요? 해방 이후 우리가 미국식 민주주의를 수용했기 때문입니다. 당연하죠. 당시는 미군정 시대였으니까. 아무튼 우리가 수용한 것이 미국의 자유주의였기에, 그 제도가 존재하는 한 독재를 해도 군사독재처럼 막무가내로 할 수는 없었던 겁니다. 어떻게 보면 이 시기는 미국 사람 몸에 맞는 큰 옷을 입기 위해 우리가 몸집을 키우던 시절이었는지도 모릅니다.

여기에 종지부를 찍은 게 박정희 정권입니다. 제가 초등학생 때 매일 듣던 말이 바로 '한국적 민주주의'라는 겁니다. 우리에게는 미국식 민주주의가 맞지 않으니, 민주주의를 해도 한국식으로 해야 한다는 것이었지요. 그래서 박정희는 자유와 민주라는 옷의 크기를 강제로 줄여버렸습니다. 아이는 점점 커지는데 옷을 줄여버린 격이지요. 박정희가 한국적 민주주의를 위해 만들어낸 것이 바로 유신헌법입니다. 유신헌법의 제정은 자유민주주의 체제의 폐기를 의미합니다. 권력자에게 언제든 국민의 기본권을 제한할 권리를 주었거든요. 박정희 정권은 '한국적'이라는 말로 그 사실을 은폐했지요. 1972년 유신헌법이 선포된 뒤에는 툭하면 긴급조치가 내려졌습니다. 대통령 선거도 직선제에서 간선제로 바꾸었고요. 체육관 선거에서 박정희는 단독으로 출마하여 99.9퍼센트의 표를 얻었습니다. 0.1퍼센트는 실수로 이름을 잘못 적어낸 사람들이었지요. 박정희는 그런 제도들이 한국적이라 우겼지만, 사실 그 모델은 '일본제'입니다. 이분이 조국 근대화를 위해 참조한 모델이 일제가 세운 만주국이었거든요. 박정희는 관동군 소속으로 일본 군부에 의해 없던 국가가 만들어지는 과정을 직접 목격했습니다.

박정희는 무려 18년 동안 권좌에 있었습니다. 제 경우에는 태어나서 고등학교 1학년이 될 때까지 대통령이 계속 박정희였습니다. 그럼 박정희가 어떻게 그렇게 오랫동안 권력을 유지할 수 있었을까요? 당시의 시민들은 왜

4·19혁명 때처럼 들고일어나지 않았을까요? 거기에는 몇 가지 이유가 있을 겁니다.

첫째, 당시 사회 전체에 민주주의를 운영할 역량이 부족했습니다. 전세계에 강렬한 인상을 남긴 4·19혁명이 실패로 끝난 것도 결국 민주주의 제도를 운영할 역량이 부족했기 때문이었지요. 사실 민주주의는 재귀적인 체계입니다. 재귀동사라는 말 들어보셨지요? 즉 민주주의는 내가 나를 다스리는 체제입니다. 대한민국 헌법 제1조가 뭡니까? '대한민국의 주권은 국민에게 있고, 모든 권력은 국민으로부터 나온다.' 권력은 우리 자신에게서 나온다는 말입니다. 결국 내가 나를 다스리는 것이지요. 그런데 흔히 '아는 것이 힘'이라고 하지요. 권력을 행사하려면 시민 전체가 그에 필요한 지식을 가져야 합니다. 1960년대 교육 수준이 어땠을까요? 해방 직후 우리나라의 문맹률은 80퍼센트에 가까웠다고 합니다. 전쟁 후 10년 정도 지났던 1960년대라 해서 사정이 크게 나아지지는 않았지요. 당시 민주화운동을 주도한 사람들은 이른바 가방끈이 긴 시인,

문인, 언론인 같은 지식인들이었습니다. 대다수 국민에게는 아직 자신을 스스로 통치할 수 있는 지적 능력이 없었고요. 정치적 근대화를 위한 정신적 기반이 미비했기 때문에 민주주의 제도가 있음에도 이승만이나 박정희 같은 독재자에게 쉽게 권력을 내줬던 겁니다.

흔히 생각하는 것과 달리 5·16쿠데타 직후 많은 지식인이 군부의 정치 개입에 찬성했습니다. 당시 군부는 혼란이 수습되면 다시 병영으로 돌아가겠다고 약속했는데, 지식인들은 그 말을 믿었습니다. 심지어 장준하 같은 분이 군사혁명 환영 성명을 내기도 했지요. 4·19혁명으로 독재자는 몰아냈지만 아직 스스로 사회를 통치할 능력이 없으니, 결국 질서 회복을 위해 군부에 기댄 것입니다.

둘째, 민주주의를 뒷받침할 물적 기반도 부족했습니다. 통계적으로 볼 때 한 사회에 민주주의가 도입되려면 1인당 국민소득이 5000달러는 되어야 한다는 속설이 있습니다. 무슨 근거에서 나온 얘기인지는 모르겠지만, 어쨌든 민주화에 어느 정도 경제적 기반이 필요한 것은 사실입니다. 그렇지만 4·19혁명 당시 한국은 아직 농경사회에 머무르고 있었습니다. 국민들은 산업화를 위해서 민간보다 군부가 나서는 게 낫다고 판단했지요. 그 판단이 잘못된 것은 아닙니다. 산업화를 위해서는 기계와 결합된 신체가 필요한데, 그때 국민의 대다수는 농민이었습니다. 그때 한국 사회에 기계를 다뤄본 집단이라고는 6·25전쟁을 치른 군인 집단밖에 없었지요. 결국 군부가 나서서 온 국민을 산업적 신체로 바꾸게 된 겁니다. 그 나름 성공하기는 했습니다. 지금은 농업 인구가 얼마나 될까요? 2015년 기준으로 5퍼센트밖에 안 됩니다. 그 5퍼센트도 기계로 농사를 짓고 있지요. 불과 50여 년 사이에 완전히 뒤집힌 겁니다. 그 과정을 군사정권이 주도했고요. 그러니 군사정권이 비록 정치적으로 정당하지는 않더라도 경제적으로 적합하기는 했던 셈입니다.

박정희 정권이 주도한 산업화를 좀더 자세히 들여다보지요. 한국 정치에 끼친 영향이 아직까지도 막강하니까요. 실제로 그 시절을 그리워하는 분들은 아직도 우리가 박정희 덕에 먹고살게 되었다고 말하지요. 박정희 정권이 산업화를 위해 쓴 정책은 간단합니다. 저곡가 정책, 농사로는 먹고살 수 없게 만들어버린 겁니다. 쌀농사로는 겨우 입에 풀칠만 하고 자식들 교육은 꿈도 못 꾸니, 어떻게 했겠습니까? 도시로 몰려갈 수밖에요. 이를 '루럴 엑소더스'(rural exodus)라고 합니다. 당시에는 '무작정 상경'이라 불렀지요. 무작정 상경한 이들은 구로공단 같은 데서 하루에 10시간 넘게 미싱을 돌렸습니다. 이렇게 사람들을 토지에서 억지로 떼놓은 다음에는 무엇이 필요할까요? 정신과 신체를 산업화에 맞게 개조해야 합니다. 카를 마르크스(Karl Marx)가 이런 얘기를 했습니다. 서구의 자본가가 남미에 공장을 세우고 원주민을 고용했습니다. 사업이 잘돼 생산시설을 두 배로 늘리고 노동자도 더 고용하려 했지요. 자본가는 임금을 두 배로 올리면 노동자가 몰릴 거라 예상했습니다. 그런데 웬걸, 임금을 올리니 더 많은 노동자가 오는 게 아니라 지금껏 열심히 일하던 사람들이 절반만 일하더라는 겁니다. 일을 덜해도 같은 돈을 받으니까요. 결국 자본주의가 굴러가려면 노동자들의 정신과 신체도 자본주의적으로 개조해야 한다는 얘기입니다.

산업화도 마찬가지입니다. 산업화를 이루려면 담당하는 주체들의 정신과 신체를 그에 걸맞게 뜯어고쳐야 합니다. 이 시도가 제일 먼저 일어난 것은 일제강점기입니다. 그 시절 일본의 자본가들은 조선 사람들의 신체를 산업화하려 했습니다. 농사를 짓던 사람들은 공장 시스템에 적응하지 못하거든요. 공장의 작업은 분초 단위로 일이 돌아가는데 농사는 전혀 그렇지 않으니까요. 당시 조선 사람들은 9시 출근인데 11시에 나오는 일도 예사였고, 일하다 말고 소에 꼴을 먹이러 가기도 했답니다. 그래서 일본 자본가들이 어떻게 했냐면, 지각하는 사람은 임금을 절반으로 깎아버렸습니다. 그리고 한두 달이 지나니 모든 사람이 정시 출근을 하더라는 겁니다. 이 신체 공학을 온 국민에 적용한 것이 박정희 정권 때의 일입니다. 군사정권은 온 국민을 군사적 신체로 바꿔놓았습니다. 꽤 성공적이었지만, 우리 사회에 '군사문화'의 폐해가 오래 지속

되게 한 원인이 되기도 했지요. 박정희 정권은 결코 정당한 체제가 아니었지만, 어쨌든 시대의 흐름에는 적합했습니다. 그래서 숱한 저항과 비판에도 불구하고 꽤 오래갈 수 있었던 것이지요.

정치적 근대화는 어땠을까요? 박정희 정권은 정치적 근대화에는 사실상 손을 놓았습니다. 국민들이 말을 잘 듣게 하려면 예전의 봉건적 문화를 온존하는 게 더 편리했기 때문입니다. 이 점에서는 남한과 북한이 똑같습니다. 모든 국민이 강력한 지도자를 아버지로 섬기는 식으로 근대화가 일어났지요. 그 시절 남한에서는 국민에게 '충효'라는 봉건적 가치를 강요했고, 북한에서는 인민을 억지로 '충성동이' '효자동이'로 만들었습니다. 박정희 정권이 사회에 봉건적 가치를 심기 위해 이용한 사람이 이순신 장군입니다. 역사적 인물을 체제 이데올로기로 악용해먹은 것이지요. 그 결과 우리 사회에 충효라는 상명하복의 문화가 자리 잡으며 정치적 근대화는 늦어지고 맙니다. 나라와 부모를 무조건 따르는 것이 미덕이 되고, 이견을 내는 것은 불충과 불효로 비난을 받는 분위기가 되었지요. 사실 당시 상황에서 경제적 근대화와 정치적 근대화를 동시에 달성하기는 어려웠을 겁니다.

자본주의는 돈을 투자하여 이윤을 얻는 구조로 운영됩니다. 그렇게 얻은 이윤을 다시 재투자하여 자본의 확대재생산이 이루어지지요. 문제는 처음에 투자할 종잣돈입니다. 아직 자본주의가 없는 곳에서는 결코 자본주의적인 방식으로 종잣돈을 만들 수 없습니다. 그래서 자본주의 초기에는 자본의 상당 부분을 시장 밖에서 마련해야하는데요, 이를 자본의 '본원적 축적'이라고 합니다. 박정희 정권도 몇 가지 방법으로 초기 자본을 모았습니다. 첫째는 일본에게서 받은 배상금입니다. 그때 서둘러 돈을 받으려고 너무 굴욕적인 협상을 맺는 바람에 지금까지도 일본과 외교 마찰을 빚고 있지요. 둘째는 인력 수출입니다. 수출할 물건이 없으니 사람을 수출한 겁니다. 독일로 간 광부와 간호사가 그런 분들이지요. 베트남전쟁 파병도 비슷한데요. 당시 파병된 한국군 병사는 미국으로부터 받은 수당의 대부분을 한국으로 보냈고, 그 돈이 전체 가계 저축액에서 큰 비중을 차지했습니다.

셋째는 저임금입니다. 전태일 열사 아시지요? 그 시절 정말 살인적인 수준으로 노동자들을 착취했습니다. 눈부신 산업화는 이분들의 피와 땀으로 이루어진 겁니다. 하지만 살인적 착취가 오래갈 수는 없겠지요. 내가 이렇게 열심히 일해서 경제는 발전했는데 왜 나는 여전히 못 살아야 하는지 불만이 터질 수밖에요. 실제로 가혹한 노동착취는 박정희 정권이 무너지는 데에 도화선 역할을 합니다. 먼저 서울에서 YH무역의 여성노동자가 당시 야당인 신민당의 당사에서 농성하다 경찰의 폭력 진압으로 사망하는 사건이 일어납니다. 당시 신민당 총재였던 김영삼이 이에 항의하자 박정희 정권은 야당 당수를 국회에서 제명해버렸지요. 그러니 김영삼의 정치적 고향인 부산과 마산에서 난리가 날 수밖에요. 사태가 심상치 않자 박정희는 부마사태에 군대를 투입하려 합니다. 그때 박정희 옆에서 차지철 경호실장이 "캄보디아에서는 300만 명 정도를 죽이고도 까딱없었는데"라고 거들었다고 하지요. 결국 온건파인 김재규가 유혈 사태를 막기 위해 대통령을 암살했습니다. 김재규는 후에 법정에서 자신이 한 일 모두가 "자유민주주의를 회복"하기 위한 것이었다고 말했지요. 진의는 알 수 없지만 정권의 핵심인 중앙정보부장이 대통령을 시해한 것은 더 이상 박정희 정권이 유지될 수 없다는 판단에서 나온 행동일 겁니다.

박정희 대통령의 죽음은 한 시대가 종언을 고했음을 보여주는 사건이었습니다. 자본주의를 막 시작할 때에는 국가가 시장에 개입하는 것이 옳습니다. 시장경제가 제대로 굴러가려면 국가가 그에 필요한 인프라를 깔아줘야 하거든요. 게다가 외국의 자본으로부터 국내 산업을 지키기 위해 어느 정도 보호주의도 필요하고요. 박정희 정권은 이런 일을 그럭저럭 잘 해냈고, 산업화에 성공하기도 했지요. 문제는 자본주의가 국가가 주도하는 방식으로 영원히 발전할 수는 없다는 겁니다. 시장경제가 자리 잡은 후에는 정부가 불필요한 개입을 삼가야 하지요. 계속해서 국가가 시장을 쥐고 흔들면 국가경제가 비효율적이 될 수밖에 없습니다. 기본적으로 자본주의는 시장에 참여하는 경제주체들의 자율적·자발적·창의적 활동을 먹고 사는 시스템입니다. 국가주도 경제가 한계에 도달하고, 이것이 경제위기로 나타나고, 경제위기가 정치적 불안으로 이어지는데, 결국 이 과정이 아주 비극적인 방식으로 끝나며 한 시대가 종언을 고한 겁니다.

군사정부에서
문민정부로

　박정희 정권은 경제적 근대화에 성공했지만 정치적 근대화는 애초에 할 생각도 없었습니다. 그럼에도 우리나라 사람들은 민주주의에 대한 열망을 키워갔지요. 1980년 서울의 봄은 그런 열망이 분출된 시기였습니다. 5·18민주화운동이라는 비극적인 사건으로 끝을 맺고 말았지만요. 전두환 정권은 아주 폭압적이었습니다. 그래도 그 정권 동안에 아무 성취도 없었던 것은 아닙니다. 전두환 정권에서는 국가가 주도하던 경제를 시장에게 돌려주었거든요. 비로소 시장이 주도하는 경제가 시작되었지요. 왜 그랬을까요? 전두환 본인의 말로는 "자기는 무식해서 경제는 모두 관료에게 맡겼다"고 합니다. 아무튼 그 덕에 한국

경제의 많은 부분이 자율화할 수 있었습니다. 전두환은 시장에 자율권을 주었지만, 정치만은 폭압적인 구조를 유지했습니다. 광주에서 수백 명의 시민을 학살하고 등장한 정권이니, 그 정권이 얼마나 폭력적이었을지는 굳이 말할 필요가 없을 겁니다. 이름만 들어도 살벌한 삼청교육대를 생각해보십시오. 그 시절 시위에 참여한 수많은 학생들이 강제로 군대에 끌려갔고, 그중 상당수가 그곳에서 의문사를 당했습니다.

전두환 정권은 정치적으로 억압 정책을 폈지만 문화적으로는 자율화 정책을 시행했습니다. 이른바 '3S 정책'이라고 하지요. 정치를 향한 대중의 관심을 섹스, 스포츠, 스크린으로 돌려놓는 정책입니다. 그 시절에 프로야구와 프로축구가 출범했고, 극장에는 성행위를 묘사한 야한 영화들이 걸리기 시작했지요. 전두환 정권은 야간 통행금지를 해제하고, 이른바 '학원자율화 조치'의 일환으로 대학교 내에 있던 경찰들을 철수시켰습니다. 그와 더불어 대학 졸업정원제라는 제도로 학생들을 통제할 수단을 마련

해두었고요. 시장과 문화의 영역에서는 자율화가 이뤄졌지만, 사회에서는 '정의사회구현'이라는 명목으로 끔찍한 일이 벌어지던 시절입니다.

그런데 경제는 자율적이고 정치는 억압적이니, 불균형이 일어났겠지요? 경제라는 토대와 정치라는 상부구조가 어긋났는데, 이런 상태가 오래 지속될 수는 없습니다. 결국 자율화한 공간 속에서 대학생들을 중심으로 군사독재에 저항하는 운동이 광범위하게 확대되어갑니다. 그 와중에 서울대 학생 박종철이 경찰의 고문으로 사망했고, 이에 항의하여 시위하던 연세대 학생 이한열은 경찰이 쏜 최루탄에 맞아 사망했습니다. 결국 1987년 6월 거대한 시민항쟁이 일어나서 군사독재가 무너졌고, 6·29선언으로 대통령 직선제가 공표되었지요.

직선제로 들어선 것이 노태우 정권이지요. 이 정권의 업적은 그다지 없지만, 그래도 한 가지 중요한 일을 해냈습니다. 바로 우리나라에서 냉전구도를 완화한 것입니다. 그 전에는 소련이나 북한이라고 하면 빨갱이라서 절대 상종해서는 안 되는 존재로 여겨졌는데, 노태우 정권은 적극적으로 북방정책을 펼쳤습니다. 공산주의 종주국인 소련과 교류하면서 그 나라에 차관을 제공하기도 했지요. 그리고 소소해보일지 모르지만 다른 업적도 있으니, 스스로 '보통 사람'을 자처하며 자신에 대한 풍자를 허용했다는 겁니다. 이건 정치인, 권력자와 보통 사람의 거리감을 좁혔다는 점에서 나름 의미가 있지요. 노태우 전 대통령은 군사쿠데타의 주역이지만, 동시에 합법적 선거를 통해 집권했습니다. 결국 우리 정치사에서 노태우 정권은 군사독재에서 문민정권으로 넘어가는 과도기였다고 할 수 있습니다.

그다음으로 등장한 것이 '문민정부'를 표방한 김영삼 정권입니다. 김영삼은 대통령이 되기 위해 3당합당을 했지요. 그 전까지는 호남의 김대중, 경남의 김영삼, 충청의 김종필, 경북의 노태우였거든요. 문제는 경남·경북·충청이 하나로 합치면서 호남이 고립되었다는 겁니다. 이로써 우리 정치의 지역구도가 더욱 단단해졌지요. 일단 한 지역이 고립돼버리면 그것을 풀고 다시 확장하기가 매우 어렵습니다. 이 강고한 지역주의가 무너진 것은 최근의 일입니다. 2017년 대선에서는 지역주의가 큰 힘을 발휘하지 못했으니까요. 다시 김영삼 정권으로 돌아가면, 문민정부는 그간 비난을 많이 받았습니다. 워낙 IMF 외환위기의 기억이 강렬한 탓이겠지요. 그런데 저는 누가 대통령이었어도 외환위기를 피하지는 못했을 거라고 생각합니다. 물론 위기 상황을 제때 인지하여 적절히 대처하지 못한 것은 잘못이지만, 위기 자체를 피하기는 어려웠을 거라고 봅니다.

저는 김영삼 정권의 업적이 과소평가되었다고 생각합니다. 김영삼 정부에는 세 가지 큰 업적이 있습니다. 첫째는 '역사 바로 세우기'입니다. 다만 조선총독부 건물을 굳이 해체해야 했는지는 모르겠습니다. 그래도 그 덕에 경복궁 정면이 시원하게 드러나긴 했지요. 그보다 중요한 업적은 박정희 정권 이래의 국가주의 역사관을 뒤집었다는 것입니다. 이는 2003년에 한국근현대사 교과서가 유신

1995년 광복절을 맞아 해체되고 있는 조선총독부 건물의 첨탑.

시절 도입된 국정에서 검정으로 바뀌는 데에 중요한 계기가 되었지요. 둘째는 '하나회 척결'입니다. 하나회는 육사 출신 군인들의 비밀 네트워크로 전두환과 노태우 등이 모두 하나회 소속이었지요. 김영삼 정권은 하나회를 없애서 군사쿠데타가 불가능하게 했습니다. 한국의 민주주의를 비가역적 과정으로 만든 것입니다. 태극기집회에 나온 박사모 회원들이 "계엄령을 선포하라" "군대여, 일어나라"라고 외치더군요. 우스운 일이죠. 그런 시대는 지났기 때문입니다. 그렇게 만든 게 김영삼 정권입니다. 셋째는 '금융실명제'입니다. 차명이나 가명 계좌 개설을 금지한 건데, 그 덕에 우리가 부정부패를 추적할 수 있게 되었습니다. 우리나라의 정치경제를 투명하게 만드는 데 크게 일조한 제도지요.

이외에도 김영삼 정권의 업적이 될 뻔한 것이 있는데, 세계화입니다. "세계는 넓고 할 일은 많다" 같은 구호를 기억하는 분들도 계시겠지요. 한국 경제가 우물에서 벗어나 넓은 곳으로 뻗어나가야 한다는 뜻인데요. 세계에 진출할 수 있다는 자신감을 그때 처음 얻었습니다. 하지만 아쉽게도 도중에 고꾸라지면서 IMF 외환위기를 맞게 되지요. 세계화를 외쳤지만, 대처할 준비는 전혀 되어 있지 않았던 겁니다.

민주정부의
성과와 과제

　김대중 정권은 평화적으로 보수에서 진보로 교체되었다는 점에서 의미가 큽니다. 김대중·노무현 이후에 정권이 교체되어서 보수가 10년간 집권했지요? 어떤 분은 이를 한탄하시는데, 사실 정권 교체는 한국 사회의 건강함을 보여주는 증거입니다. 보수에서 진보, 진보에서 보수로 정권이 평화적으로 넘어가기란 그리 쉬운 일이 아닙니다. 과거에는 합법적인 정권 교체가 사실상 불가능했지요. 제가 대학원생일 때만 해도 지하당을 만들어서 혁명을 일으켜야 한다고 믿었습니다. 합법의 테두리 내에서 개혁이 불가능하니 비합법 투쟁을 생각했던 거죠. 하지만 김대중 정권 이후에는 사람들의 생각이 바뀌었습니다. 얼마든지 합법적으로 권력을 잡을 수 있다는 것을 보여주었거든요. 그래서 비합법 투쟁을 하던 운동권들도 그때부터 민주노동당 같은 진보정당을 만들게 됩니다. 혁명 노선을 버리고 합법 투쟁으로 전환한 것이죠.

저는 김대중 전 대통령만큼 준비된 대통령도 없었다고 봅니다. 그야말로 몇십 년을 준비했으니까요. 대학도 안 나온 분이 독학으로 자기만의 확고한 정치철학을 구축하는 거, 아무나 못 하는 일이죠. 수십 년간 빨갱이 소리 들어가면서 결국 남북 정상회담을 성사시켰잖아요. 이리저리 눈치만 보는 요즘 정치인들에게서는 찾아보기 힘든 미덕입니다. 김대중 정권의 '햇볕정책'은 수십 년 묵은 냉전적 사고를 깨는 과감한 정치적 상상력의 산물이었습니다. 최근 남북이 다시 대치와 긴장의 관계로 접어드는 바람에 빛이 많이 바랬지만, 햇볕정책은 김대중 정권이 남긴 것 중 가장 큰 업적으로 꼽을 수 있습니다.

김대중 정권의 또 다른 업적은 IMF 외환위기가 초래한 경제위기를 극복하고 '지식기반경제'의 틀을 다졌다는 것입니다. 한국 사회가 아주 빠르게 농경사회에서 산업사회가 되었지요? 1990년대에는 여기서 다시 정보사회로 변하기 시작합니다. 김대중 정권은 변화에 발맞춰 이제는 상품이 아닌 지식을 생산해야 한다고 역설했지요. 물리적인 구조를 지닌 상품보다 그 위에 씌우는 정보가 더 중요하다는 겁니다. 당시에 일어난 벤처 열풍 기억하십니까? 한국의 빌 게이츠, 스티브 잡스를 꿈꾸며 많은 청년들이 인터넷 사업에 뛰어들었지요. 정부에서 뿌린 눈먼 돈을 먹고 튀는 이들 때문에 부작용도 많았지만, 그 덕에 한국 경제가 10년 동안 먹을거리를 마련할 수 있었습니다. 네이버나 다음 같은 인터넷 기업이 다 그때 생겨났지요. 과거의 이병철이나 정주영 같은 사람들과는 다른 유형의 기업가들이 등장한 겁니다.

물론 한계도 있었습니다. 정치적 리더십이 강력한 카리스마를 바탕으로 했다는 점입니다. 적어도 카리스마라는 측면에서 김대중 전 대통령은 박정희 전 대통령과 크게 다르지 않았다고 봅니다. 물론 김대중 전 대통령이 권위주의적인 지도자였던 건 아닙니다. 예를 들어 김대중 정권 때 정치 시스템도 민주화해야 한다면서 상향식 공천이 도입되었습니다. 지구당에서 후보를 뽑아서 올리는 방식이지요. 그런데 이 좋은 제도가 건강하게 작동하지를 못했습니다. 학연·지연·혈연 같은 온갖 연줄로 올린 인물들이 어련하겠습니까. 그래서 일각에서는 그냥 대통령이 후보를 추천해 아래로 내리꽂는 게 더 합리적이라는 푸념이 나오기도 했지요. 이는 민주주의라는 형식을 갖추어도 그것을 운영할 내실이 없으면 아무 소용이 없다는 것을 보여줍니다. 김대중 정권 시절에는 서로 소통하며 더 나은 길을 찾기보다 카리스마 넘치는 지도자의 능력에 기대는 정치문화가 남아 있었습니다. 김대중 전 대통령의 리더십은 강압적이지 않았을 뿐 분명 뚜렷한 한계를 갖고 있었지요.

이후에 등장한 노무현 정권은 수평적 소통이라는 측면에서 김대중 정권보다 한 걸음 더 나아갔습니다. 김대중 정권은 산업사회에서 정보사회로 들어가는 문을 열었지만, 지도자의 카리스마 때문인지 수평적 소통의 문화는 부족한 편이었습니다. 노무현 정권에 들어와서야 비로소 우리 사회에 정보사회에 걸맞은 커뮤니케이션 시스템이 구축되기 시작합니다. 노무현 전 대통령은 자타가 공인하는 '인터넷 대통령'입니다. 당시 노회찬 의원은 "노무현 대통령의 가장 큰 업적은 당선된 데에 있다"고 말했습니다. 애초에는 비꼬는 말이었지만, 저는 그 말을 있는 그대로 긍정적으로 받아들입니다. 노무현 전 대통령은 전세계를 통틀어 인터넷의 힘으로 당선된 최초의 대통령이었거든요. 재임 당시 대통령이 직접 참여하여 청와대에 'e지원 시스템'이라고 하는 업무관리 시스템도 만들었습니다. 청와대 내에서 서류 없이 인터넷만으로 모든 보고와 결재가 이루어지도록 한 것이지요.

노무현 전 대통령은 끊임없이 주변과 의견을 주고받길 원했고, 그렇게 활발한 소통이 일어나는 사회를 꿈꿨지요. 그 덕에 늘 위에서 아래로 내려오기만 하던 이 사회의 소통구조가 참여정부 이후 점차 수평적인 네트워크 형태로 변모하기 시작합니다. 정보사회의 소통은 모름지기 수평적이어야 합니다. 더 이상 예전 같은 상명하복으로 돌아가는 사회가 아니지요. 참여정부 시절 대통령은 계급장 떼고 TV 카메라 앞에서 평검사들과 논쟁을 벌였습니다. 혹자는 대통령으로서 채신없다고 비난했지만, 저는 다르게 생각합니다. 얼마나 멋있습니까. 대통령이 말단 평검사를 상대해주며 솔선수범해 사회의 소통문화를 바꾸려 한 겁니다. 직위나 권위에 상관없이 누구든 자유롭게 의견을 피력할 수 있을 때, 사회는 그만큼 더 민주적으로, 그리고 더 효율적으로 변합니다. 저는 노무현 정권의 가장 큰 업적이 이렇게 수평적 리더십으로 사회 전체의 경직된 소통문화를 바꾼 것이라고 봅니다.

물론 김대중·노무현 정권 때 실책이 없지는 않았습니다. 가장 큰 문제는 이 두 정권이 국제통화기금(IMF)이 권고한 신자유주의 정책을 그대로 받아들인 겁니다. 그 탓에 민주정부 10년 사이에 중산층이 붕괴되고 사회 양극화가 극심해집니다. 사실 우리나라는 서구 선진국들과 달리 사회복지가 거의 없었습니다. 실직했다고 실업수당을 주는 것도 아니고, 은퇴했다고 연금을 주지도 않았지요. 그 대신 두 가지 암묵적인 약속이 있었습니다. 첫째는 평생 고용입니다. 예전에는 일단 회사에 입사하면 스스로 그만두지 않는 이상 정년까지 다닐 수 있었습니다. 그 덕에 안정적으로 노후를 준비할 수 있었지요. 둘째는 호봉제입니다. 지금은 성과에 따라 임금이 달라지는 연봉제가 일반적이지만, 외환위기 전에는 나이가 들수록 임금이 올라갔습니다. 아이들이 자랄수록 돈도 더 많이 드는데 호봉제가 든든한 버팀목이 되어주었지요. 그런데 IMF는 우리나라에 이 두 가지 약속을 없애라고 권고했습니다. 그 결과 고용이 불안정해지고 비정규직이 늘어나기 시작했지요. '이태백'이니 '사오정'이니 하는 말이 유행한 것도 그즈음의 일입니다. 그래도 사회복지가 탄탄하면 견딜 만했겠지요. 나라에서 최소한의 생존은 책임져주니까요. 하지만 우리나라에는 그런 완충장치가 없었습니다. 그렇다보니 일자리를 잃으면 그 충격을 개인이 고스란히 받게 되었지요.

예전부터 중산층은 민주당 지지층이었습니다. 김대중·노무현 정권이 자신의 지지층을 스스로 무너뜨린 것은 매우 역설적인 현상입니다. 당시 많은 사람들이 노무현 정권의 경제정책을 두고 '왼쪽 깜빡이를 켜고 우회전한다'고 비판했는데요, 실제로 그랬습니다. 삼성경제연구소의 보고서를 읽고 경제정책을 정했으니 그럴 수밖에요. 국민들 사이에 불만이 쌓여갔고, 모든 화살은 대통령에게로 향했습니다. 대통령 자신이 만든 수평적 소통문화가 본인을 공격하는 데 쓰인 셈이지요. 당시에는 정말 모든 것을 대통령 탓으로 돌렸습니다. '명왕성이 태양계에서 퇴출되도록 대통령은 뭘 했냐'는 농담이 나올 정도였지요. 참여정부 시절은 민주화에 대한 욕망이 이미 어느 정도 충족된 시점이었습니다. 충족된 욕망은 더 이상 욕망이 아닙니다. 참여정부 말기에 사람들의 생각이 이와 비슷했습니다. 민주화를 더 이상 절실하게 욕망하지 않았지요. 그사이에 사람들은 다른 욕망을 갖게 되었습니다. IMF 외환위기 이후에 사람들은 자신이 배가 고프다는 사실을 깨달

게 됩니다. 그래서 나라의 경제가 IMF 이전처럼 다시 고도성장하기를, 그리고 가정의 경제도 예전처럼 여유가 있기를 원했지요. 그런 바람을 눈치채고 제때 치고 나온 사람이 바로 이명박 전 대통령입니다.

시장 보수와
이념 보수

　참여정부 말기에 저는 참 답답했습니다. 사람들이 과거의 고도성장기를 그리워했기 때문입니다. 심지어 경제만 살아난다면 민주주의는 후퇴해도 상관없다고 여기는 분들도 많았지요. 사람들은 민주정부 10년과 과거 군부독재 시절을 비교하기 시작했습니다. 군부독재 정권이 정치적으로 폭압적이었지만, 다른 건 몰라도 경제만큼은 차라리 그때가 더 나았다는 것이었지요. 하긴 전두환 정권 때 경제가 무섭게 돌아가긴 했습니다. 3저 호황으로 매년 거의 10퍼센트씩 성장했으니까요. 하지만 한 나라의 경제가 영원히 고도성장을 할 수는 없는 법입니다. 경제가 발전할수록 성장률은 떨어지기 마련이지요. 하지만 사람들은 워낙 고도성장에 익숙한 나머지 저성장이라는 새로운 현실을 심리적으로 받아들이지 못했습니다. 생활이 불안정해지니 고도성장을 구가하던 과거를 그리워하게 되었지요. 그래서 선택한 것이 이명박 전 대통령입니다. 이명박 정권은 고도성장기의 향수 위에 서 있던 정권이었습니다. 이명박 전 대통령의 747 공약을 기억하십니까? 연평균 7퍼센트 성장, 1인당 국민소득 4만 달러, 세계 7대 경제 강국 진입. 이를 위해 벌인 일이 뭐였습니까? 과거 산업사회에서나 통하던 토목공사였습니다. 대표적인 게 4대강 사업이지요.

개발도상국이라면 도로 건설과 하천 정비 같은 사회간접자본 투자로 경제성장을 이끌 수 있습니다. 개발도상국은 사회간접자본에 투자하는 돈이 그대로 경제효과로 돌아오니까요. 하지만 우리나라는 이미 1970~80년대에 웬만한 사회간접자본이 거의 완성되었습니다. 고속전철은 물론이고, 지방공항은 하도 많이 지어 지금은 과잉 상태지요. 이런 상황에서는 아무리 건설에 투자해도 그 돈이 경제효과로 돌아오지 않습니다. 중복투자라 예산만 낭비할 뿐이죠. 이명박 정권은 국민의 욕망을 잘 포착했지만 시대의 흐름은 전혀 읽지 못했습니다. 그러다보니 정보사회에서 30년 전에나 통하던 낡은 방법을 동원한 거죠. 이명박 전 대통령이 뭘 했나 생각해봅시다. 두 가지입니다. 자원외교와 4대강 사업. 전자는 1차 산업이고, 후자는 2차 산업이죠? 경제를 바라보는 상상력이 자신이 건설사에서 감독으로 일하던 산업사회에 갇혀 있었던 겁니다. 4대강에 돈을 퍼부으면 고용을 창출하고 막대한 이윤도 얻을 수 있다고 선전했지만, 배를 불린 건 건설사뿐이었습니다. 괜한 시설을 만든 탓에 유지하고 철거하는 데 막대한 예산만 들어갔고요. 살리겠다고 장담하던 경제는 어떻게 됐습니까? 미국의 서브프라임모기지 사태 같은 변수가 있기도 했지만, 경제성장률은 오히려 민주정부 시절보다 낮았습니다.

제가 생각하는 '보수'란 앞으로 나아가되 천천히 가자는 것입니다. 시간을 거슬러 뒤로 돌아가는 것은 보수가 아니라 반동이지요. 그런데 이명박 정권은 집권 후 국민의정부와 참여정부 이전으로 시계를 되돌렸습니다. 이 두 정권의 시대를 "잃어버린 10년"이라고 비난하더니, 고작 한 일이 이미 시대가 변했다는 것은 생각지도 않고 과거의 정책으로 돌아가버렸지요. 박근혜 정권도 다르지 않습니다. 박근혜 전 대통령이 18대 대선에서 후보로 나섰을 때 '줄푸세', 즉 세금 줄이고 규제 풀고 법질서 세우는 것을 공약으로 내세웠지요? 전부 옛날 방식입니다. 경제 관념이 미래를 지향해야 하는데 반대로 과거의 노스탤지어에 흠뻑 빠져 있었던 거죠. 그 결과 이명박·박근혜 두 보수정권 시절이야말로 "잃어버린 10년"이 되어버렸습니다. 이명박 전 대통령은 후보 시절에 '실용보수'를 자처했습니다. 실제로 서울시장 재임 시절에 버스중앙차로제를 도입한 것은 빛나는 업적이지요. 좌파적 정책이었던 것을 과감하게 수용했잖아요. 흑묘면 어떻고 백묘면 어떠냐, 쥐만 잡으면 되지. 이게 실용적 자세거든요. 그래서 실용보수로서 처음에는 살짝 기대도 했습니다. 하지만 집권하자마자 한 일이 견해가 다른 이들을 솎아내는 배제의 정치였지요.

그보다 심각한 문제는 박근혜 정권에서 일어났습니다. 이명박 정권이 경제를 정보사회에서 산업사회로 되돌렸다면, 박근혜 정권은 이어서 정치적인 상부구조까지 과거로 돌려놓았거든요. 이명박 정권이 시장 보수라면, 박근혜 정권은 이념 보수입니다. 박근혜 전 대통령이 정치에 뛰어든 이유가 무엇이었을까요? 정치에 막 입문할 즈음에 가진 어느 인터뷰에서 '아버지의 명예 회복'을 위해 정치를 할 거라고 하더군요. 18대 대선 후보자토론회에서는 5·16이 쿠데타라는 사실을 인정했지만, 그 뒤의 행보를 보면 그게 진심은 아니었던 것 같습니다. 박근혜 전 대통령은 본인이 어렸을 적 청와대에서 본 정치, 그 시절 국정교과서로 배운 역사가 올바르다고 생각합니다. 대한민국은 자기 아버지가 세운 가족기업이고, 아버지가 못다 이룬 꿈을 자신이 대신 이루어야 한다고 굳게 믿고 있었지요. 하지만 부하에게 살해당한 아버지처럼 되지 않기 위해 절대로 배신하지 않을, 완전히 믿을 수 있는 사람들만 곁에 두려고 했고요. 그런데 국가와 국민이 아니라 한 개인에게 맹목적 충성을 바치는 사람들의 수준이 오죽하겠습니까? 그러니 오늘날 이런 사태가 벌어진 겁니다.

그렇다면 박근혜는 어떻게 대통령에 당선될 수 있었을까요? 돌이켜 생각하면 선거 하나는 기가 막히게 잘 치렀습니다. 인정할 건 인정해야지요. 사실 18대 대선에서 민주당은 처음부터 끝까지 새누리당에 질질 끌려다녔습니다. 프레임을 선점한 적이 없었지요. '경제민주화'라는 진보적 이슈도 새누리당에서 먼저 채갔습니다. 사실 경제민주화는 이명박 정권의 실정에 대한 불만 때문에 생겨난 개념입니다. 이명박 정권은 경제가 발전하여 먼저 기업들이 부자가 되면, 그 성과가 아래로 떨어진다고 주장했습니다. 이른바 '낙수효과 이론'이지요. 비록 기업과 노동자가 성장의 결과를 불평등하게 나눠갖더라도, 경제 전체의 규모가 커지면 노동자가 차지하는 몫도 늘어난다는 겁니다. '파레토 개선'이라고 하지요? 하지만 현실은 이명박

정부의 주장과 달랐습니다. 기업들이 성장해도 낙수효과는 없었지요. 법인세를 깎아준 덕에 기업들의 이윤은 엄청나게 늘어났지만, 노동자들의 실질임금은 전혀 오르지 않았습니다. 그래서 '이제는 성장보다 분배다, 분배를 통해 성장하자, 대기업의 횡포로부터 중소기업을 보호하라' 이런 내용을 골자로 하는 경제민주화의 슬로건이 등장하게 된 겁니다. 그런데 이 개념을 새누리당이 냅다 주요 공약으로 내걸었습니다. 심지어 당의 상징 색을 아예 빨강으로 바꿔버렸지요. 진보정당들도 빨갱이라고 욕먹을까봐 감히 못 쓰는 색을 과감히 가져다 썼습니다.

박근혜가 경제민주화와 더불어 내세운 또 하나의 구호가 바로 '창조경제'였습니다. 적어도 디지털 경제를 보는 시각은 갖고 있었던 셈입니다. 사실 이 구호 역시 이명박 정권에 대한 반성에서 나온 것입니다. 앞에서 얘기했듯이 이명박 정권은 21세기 정보사회를 졸지에 1970년대 산업사회로 퇴행시켰거든요. 이를 만회하기 위해 내세운 것이 바로 창조경제라는 구호였지요. 처음 창조경제를 이야기한 사람은 카이스트의 어느 교수인데, 뭔가 근사하게 들리니 박근혜와 새누리당이 냉큼 가져다 쓴 것으로 보입니다. 어쨌든 창조경제라는 단어를 접한 많은 이들이 우리 사회에 적합한 비전이라고 생각했습니다. 고도성장기의 추억에 발이 묶여 앞으로 나아가지 못하는 우리 경제의 문제점을 제대로 짚었으니까요. 이명박처럼 박근혜도 선거철에 사람들이 무엇을 원하는지 잡아내는 기술은 매우 탁월했습니다. 결국 이명박 정권의 실패에도 불구하고 유권자들은 다시 박근혜에게 표를 던졌죠. 당시에 민주당이 패배한 건 자업자득입니다. 신자유주의적 정책으로 양극화를 심화시켜 중산층을 몰락시킨 건 결국 김대중·노무현 정권이었으니까요. 민주당은 중산층의 지지 위에 서 있는데, 자신들의 지지층을 몰락시켜버린 겁니다. 게다가 선거 과정 내내 이슈를 주도하지 못한 채 새누리당에 질질 끌려다녔고요.

문제는 그다음이었습니다. 경제민주화든 창조경제든, 박근혜 정권에게는 추진할 의지도 역량도 없었거든요. 경제민주화라는 말은 집권하자마자 바로 자취를 감춰 버렸고, 창조경제는 애초에 박근혜 정권의 성격과 맞지 않았습니다. 박근혜 대통령의 소통방식은 사실 유신 시절과 다를 게 없었기 때문입니다. 독재자 아버지 밑에서 정치를 배워 그냥 위에서 아래로 내리꽂는 방식에만 익숙한데 어떻게 '수평적 의사소통'을 이해할 수 있겠습니까. 유신 시절의 구시대적 소통문화는 애초에 디지털 경제에 어울리지 않습니다. 예컨대 박근혜 전 대통령이 창조경제를 표방하고 나서니, 정부 부처 중 이름 앞에 '창조'라는 말을 붙인 부서가 갑자기 80여 개나 생겼습니다. '창조적'으로 되는 것까지도 군대식으로, 획일적으로 실천하려 한 거죠. 얼마나 황당한 일입니까. 박근혜 정권은 입으로는 창조경제를 외치면서 정작 국민들에게 창의성을 발휘할 자유는 주지 않았습니다. 외려 언론 통제, 국정교과서, 블랙리스트 등으로 국민의 정신을 옥죄어 유신 시절의 국가주의 이념으로 개조하려고 했지요. 결국 창조경제 사업은 각 지역의 창조경제혁신센터를 대기업들에게 하나씩 할

당하는 방식으로 이루어졌습니다. 그러니 행여 지역의 중소기업들이 혁신을 한다 해도, 그 성과는 고스란히 대기업이 빨아먹을 수밖에요.

지금까지 역대 정권의 성취와 한계를 역사적으로 짚어봤습니다. 이쯤에서 역대 정권의 성적표를 내봅시다. 2016년 12월에 국민들이 생각하는 역대 대통령의 국가발전기여도가 발표됐습니다. 그 전해인 2015년에는 박정희가 1위, 노무현이 2위였는데요, 2016년에는 순위가 역전되었습니다. 2016년 조사에서는 노무현이 35.5퍼센트로 1위, 박정희가 30.8퍼센트로 2위였지요. 그다음 김대중 15.8퍼센트, 이명박 2.7퍼센트였고요. 전두환, 노태우, 김영삼 정권은 아예 수치도 잡히지 않는 수준입니다. 박근혜 전 대통령은 탄핵을 당했으니 성적표를 받을 자격조차 안 되겠지요. 그간 수많은 대통령이 청와대를 거쳐갔는데, 국민이 매긴 성적에서 확인할 수 있듯이 보수 쪽에서 그나마 내세울 인물은 박정희밖에 없습니다. 그래서 이명박·박근혜 정권 내내 유통기한이 지난 박정희식 경제, 폐기처리

된 박정희식 정치를 재활용한 겁니다. 결과는 파멸적이었지요. 1970년대의 경제와 정치로 돌아가려는 시대착오적인 지도자들 때문에 한국 사회 전체가 깊은 수렁에 빠졌습니다.

더 나은
보수와
진보를 위해

최순실 국정농단 사태와 헌법재판소의 박근혜 대통령 탄핵은 헌정사의 비극임에 틀림없지만, 그 불행 속에도 다행스러운 점이 없지는 않습니다. 한국 사회를 오랫동안 옥죄어왔던 박정희 프레임이 최종적으로 붕괴되었다는 겁니다. 물론 여전히 부패했고 무능했던 대통령을 지지하는 분들은 박사모 이외에도 여럿 남아 있습니다. 하지만 그들이 다시 이 사회의 주류가 되지는 못할 겁니다. 지금 한국 보수는 큰 위기에 빠져 있습니다. 자업자득이지요. 한국의 보수 정치는 영남의 지지자들, 특히 대구·경북 지역의 사람들을 박정희 프레임에 가두어 단세포로 만들어버렸습니다. '박정희─박근혜 아니면 종북좌파' 이런 단순논리에 익숙한 이들은 박정희-박근혜 노선에서 조금이라도 벗어나면 바로 '종북'이나 '친북'이라고 딱지를 붙이는 버릇이 있습니다. 보수도 이제 변화해야 하는데, 지지층의 경직성 때문에 변화하지도 못하는 상태가 되어버린 거죠. 보수의 개혁을 주장하는 정치인들은 그 지역에서 '배신자'라는 소리를 듣습니다. 지지층의 상태가 이러한 탓에 개혁도 못한 채 과거의 행태를 답습하며 그저 20퍼센트 남짓한 노년층만 바라보며 살아가는 상황이 되었지요. 문제는 그 20퍼센트의 노년층이 영생불멸하지 않다는 데 있습니다. 게다가 대구·경북이라는 지역의 정서도 과거와는 많이 달라졌고요.

보수주의는 원래 고유의 '가치'를 바탕으로 생긴 이념입니다. '국가를 위한 헌신' '공동체를 위한 봉사' '가족의 중요성' '전통의 존중', 이런 것들이 흔히 보수주의의 가치로 꼽히죠. 그런데 한국의 보수정권은 이제까지 이런 '가치'를 가지고 정치를 해오지 않았습니다. 가치를 표방하고 실천하는 것은 힘든 일인데, 그렇게 어려운 길을 가지 않고도 표를 얻어내는 더 쉬운 수단이 있었으니까요. 그 수단이 바로 '공포'와 '습관'입니다. 이 중에서 '공포'란 구체적으로 '레드 콤플렉스'(red complex)를 가리킵니다. "무슨 당은 친북 좌파다. 그 당이 정권 잡으면 나라가 적화된다". 이런 선동적 언어로 유권자들을 일단 공포 속에 몰아넣는 것이지요. 왜? 공포에 사로잡히면 이성적 사고를 하지 못하기 때문입니다. 겁에 질린 사람들은 모든 사안을 '사느냐, 죽느냐'의 이분법으로 판단할 수밖에 없습니다. 이렇게 유권자의 이성을 마비시켜 놓은 다음에는 그들의 신체에 '습관'을 심어줍니다. 어떤 상황 속에서도 변함없이 하던 대로 표를 던지는 버릇 말입니다. 그런 조작을 거쳐서 탄생한 유권자들은 이렇게 말하게 됩니다. "나라를 팔아먹어도 우리는 ○○당을 찍는다". 이게 그동안 대한민국에서 보수가 정치적 헤게모니를 유지하는 방식이었습니다.

　　언젠가 카이스트의 정재승 교수에게서 재미있는 실험에 관한 이야기를 들었습니다. 과학자들이 원숭이 우리의 한가운데에 기다란 기둥을 세우고 그 꼭대기에 바나나 송이를 매달아놓았답니다. 당연히 원숭이들은 그걸 먹으려고 기둥을 기어올라가겠지요? 과학자들은 그렇게 원숭이가 기둥을 타면 위에서 물벼락이 내리도록 장치를 해두었습니다. 몇 번의 시도 끝에 원숭이들은 교훈을 얻게 됩니다. 저 기둥을 올라가면 물벼락을 맞으니 올라가지 말아야 한다고요. 모든 원숭이가 학습하자 과학자들은 무리 중 한 마리를 새로운 원숭이로 교체했습니다. 신참은 경험이 없으니 당연히 기둥을 기어오르려 했겠지요. 그러자 다른 원숭이들이 그놈을 극구 말리더라는 겁니다. 이를 통해 신참은 영문도 모른 채 기둥에 올라가서는 안 된다는 것을 배웠지요. 그렇게 한 마리씩 계속 새로운 원숭이로 교체하여 우리에는 이제 물벼락을 맞아본 적 없는 원숭이들만 남았습니다. 어떻게 됐을까요? 원숭이들은 계속해서 기둥에 올라가려는 신참을 뜯어말렸다고 합니다. 물벼락을 맞아본 원숭이는 한 마리도 없는데 말입니다. 여기서 중요한 사실은 그사이에 과학자들이 슬쩍 물벼락 장치를 치워버렸다는 것입니다. 만약에 원숭이들이 신참의 과감한 시도를 허용했다면, 물벼락 장치가 사라진 것을 알고 맛있는 바나나를 먹을 수 있었겠지요. 이 이야기는 보수가 자칫 잘못하면 빠질 수 있는 함정을 알려줍니다. 물벼락을 맞는다는 경험한 적 없는 공포, 그리고 하던 대로 기둥에 오르지 말아야 한다는 관습 탓에 변화를 꾀하지 못하게 된 것이지요. 제가 보기에 한국 사회는 바로 이 실험 속의 원숭이 무리를 닮았습니다.

물론 진보세력에도 문제가 많았습니다. 그 때문에 심각한 위기를 겪기도 했지요. 몇 년 전에 있었던 통합진보당(통진당) 해산 사태, 기억하실 겁니다. 당시 헌법재판소에서 정당 해산을 결정했는데, 저는 이 결정이 너무나 잘못되었다고 생각합니다. 정당의 유지 혹은 해산은 국민들이 선거로 결정할 문제입니다. 선거에서 지지를 받지 못하면 저절로 해산이 되거든요. 국민이 가져야 할 권리를 헌법재판관들이 가로채는 것은 옳지 않지요. 저는 헌법재판소가 정당 해산을 결정하는 것이 자유민주주의 원칙에 어긋난다고 봅니다. 1950년대 냉전기에 독일에서 한 번 정당 해산이 있었습니다. 독일 공산당이 헌법재판소의 결정으로 해산되었는데, 그 당의 강령이 자유민주주의 체제를 부정하고 있다는 것이 사유였습니다. 이 결정은 당시에도 말이 많았지만, 후에 많은 비난을 받게 됩니다. 결국 정당 해산으로 피해를 본 이들이 나중에 모두 복권되었지요. 저는 통진당 해산 사태의 결말도 장기적으로는 독일과 다르지 않을 거라고 봅니다. 제가 통진당을 가장 많이 비판한 사람 중 한 명이지만, 그럼에도 정당을 해산할 권리는 국민에게 있어야 한다고 봅니다. 그게 자유민주주의거든요. 이석기 내란음모 사건으로 인해 진보가 먼저 큰 위기를 겪었고, 이번에는 최순실 국정농단 사태로 인해 보수가 위기의 세월을 보내고 있지요. 그래도 상황을 희망적으로 진단하자면, 두 개의 사건으로 인해 낡은 진보와 낡은 보수의 치부가 명확히 드러났다는 것입니다. 두 가지 극단주의의 몰락을 목도했으니, 앞으로 한국 정치가 최소한 과거보다는 좋아질 거라고 봅니다.

지역 갈등에서
세대 갈등으로

이념적 극단주의 못지않게 우리 사회를 병들게 만든 것이 바로 한국 정치의 고질병인 지역주의입니다. 영어로는 이를 '클라이언텔리즘'(clientelism)이라고 하는데, 우리말로는 '후견주의'라 번역합니다. 쉽게 설명하면, 우리가 너를 국회의원으로 뽑아줬으니 우리 지역에 중앙의 예산 좀 끌어오라는 겁니다. 엄밀히 말하면 이는 일종의 매표 행위입니다. 나라를 위해 일해야 할 국회의원에게 우리 지역의 이익을 위해 일하라고 하면 당연히 문제가 생길 수밖에 없습니다. 국민의 혈세를 놓고 의원들 사이에서 온갖 담합이 이뤄지고, 의원과 지역의 실력자들 사이에 온갖 부정부패가 벌어지기 때문입니다. 후견주의로 덕을 보는 것은 지역민 전체가 아니라, 지역의 소수 엘리트들뿐입니다. 그러니 후견주의가 지역에 정말로 도움이 될 리가 없지요. 후견주의 투표 행태가 강한 지역일수록 외려 경제적으로 낙후되어 있습니다. 그나마 다행인 것은 최근 들어 지역주의에 조금씩 금이 가고 있다는 점입니다. 대구·경북이 여전히 완고한 편이지만 부산·경남은 예전보다 훨씬 열렸습니다. 호남에서도 '호남 정치'를 표방한다고 무조건 지지해주지 않지요. 충청도도 지역 맹주에 대한 충성도가 예전 같지 않고요. 이제는 지역에 따라 지지하는 정당이 완전히 갈리지는 않습니다.

지역 대립 대신에 요즘 떠오르는 것이 바로 세대 대립입니다. 우리나라에서 세대 대립은 피할 수 없는 현상입니다. 우리나라는 압축 성장을 했기 때문에 한 집안에 사는 3대가 각각 다른 사회의 사고방식을 갖고 있습니다. 생각해보십시오. 정보사회를 살아가는 20대가 농경사회에서 자라난 70대의 봉건적 사고방식, 가령 충효의식을 이해할 수 있을까요? 또한 집단주의 의식을 가지고 민주화

투쟁을 했던 50대가 정보사회에서 자란 20~30대의 개인 주의를 받아들일 수 있을까요? 그것은 무리한 주문일 겁니다. 우리 사회에서 할머니·할아버지 세대는 농경사회의 의식을, 어머니·아버지 세대는 산업사회의 의식을, 자식 세대는 정보사회의 의식을 갖고 있습니다. 아직도 지역의 차이에 집착하는 것은 대개 노년층입니다. 호남 정치를 표방하는 국민의당의 지지층은 호남의 고령층이고, 최근 전국 정당에서 지역 정당으로 전락한 자유한국당의 지지층은 주로 대구·경북의 노년층이지요. 농경사회에서는 지역 연고, 즉 '같은 고향' 사람이라는 것이 정치적 선택의 중요한 요인으로 작동합니다. 반면 산업사회에서 자란 중년층은 출신지가 나와 같다는 게 정치적 선택의 근거가 된다고 생각하지 않지요. 농촌이 등질적인 사람들이 모여 사는 '공동사회'라면 산업화한 도시는 모든 지방에서 올라온 이질적인 사람들이 함께 섞여 사는 '이익사회'거든요. 과거의 선거에서는 진보와 보수가 팽팽한 균형을 이루는 연령대가 바로 40대였습니다. 요즘은 그게 50대로 올라갔지요. 흔히 나이가 들수록 보수적으로 변한다고 하는데, 꼭 그렇지는 않습니다. 누구든 자신이 살아온 시대의 기억을 따라가는 겁니다. 한국 사회에서 농경사회의 기억을 가진 이들은 점점 줄어들고 있습니다. 산업사회만 해도 그 나름의 합리성이 있지 않습니까? 지금 50대는 설사 보수화했더라도 산업사회의 의식의 틀 내에서 보수화한 겁니다. 나중에는 진보와 보수가 반반으로 갈리는 연령대가 60대까지로 올라갈지도 모르겠습니다.

역대 선거 결과를 봐도 선거가 거듭될수록 중도-진보 연합의 표가 계속 늘어나는 추세라는 것을 알 수 있습니다. 15대 대선에서 김대중 전 대통령은 보수인 김종필과의 DJP연합을 통해 간신히 집권했지요. 그때 보수층은 이회창 후보와 이인제 후보로 나뉘어 있었습니다. 김종필도 보수라는 것을 생각하면, 당시 중도-진보 연합의 세력은 집권에는 성공했어도 전체적으로는 소수였다고 할 수 있습니다. 16대 대선에서 노무현 전 대통령은 보수 성향의 정몽준 후보와 단일화를 해서 어렵게 집권할 수 있었죠. 17대 대선에서는 김대중·노무현 정권 10년에 대한 염증 때문에 중도−진보 연합이 참패를 합니다. 하지만 18대 대선에서 문재인 후보는 거의 절반에 가까운 표를 얻습니다. 물론 안철수 후보와의 단일화 덕에 가능한 일이었지만, 적어도 당시 안철수 후보는 보수에 속하는 정몽준 후보와 달리 범진보 진영의 후보였습니다. 그러다 19대 대선에서는 중도−진보 연합이 민주당과 국민의당으로 분열되었음에도 불구하고 압도적인 승리를 거두죠. 물론 박근혜 대통령 탄핵 사태가 결정적인 역할을 했다고 하지만, 그 사태가 벌어지기 전인 20대 총선에서 민주당과 국민의당이 분당에도 불구하고 보수 진영에 맞서 압승을 거두었다는 사실을 기억해야 합니다. 이렇게 시간이 흐름에 따라 우리의 정치 지형에서 중도−진보 연합의 세력이 점점 더 커지는 것을 확인할 수 있습니다.

중도−진보의 정치적 세력이 점점 확대되고, 지역 대립이 세대 대립으로 대체되는 것은 농경사회가 산업사회를 거쳐 정보사회로 진화하는 과정의 필연적 결과라고 할 수 있습니다. 사회의 성격이 변하니 정치의 패러다임도 함께 변하는 것이지요. 사회 전체가 정보사회에 진입하고 농경사회의 의식을 가진 이들이 사라지는 현상이 선거 결과로 나타난 것이라 할까요? 이제 6·25전쟁을 기억하는 분들은 80, 90대가 되었지요. 조금만 지나면 1970년대 산업화의 영웅담을 기억하는 이들이 그 뒤를 따를 겁니다. 아마 그다음은 저처럼 박정희, 전두환에 맞서 싸웠던 민주화의 기억을 가진 사람들의 차례가 될 테고요. 이런 식으로 사회는 젊음을 유지해나가는 걸 겁니다. 지역 대립이 세대 대립으로 대체된 것은 물론 상대적으로 바람직한 현상입니다. 절대적으로 바람직한 건 아니지요. 왜냐하면 중도-진보-보수의 팽팽한 대립구도가 '한 세대' 안에서 존재해야 정상이기 때문입니다. 특히 보수주의자들은 이 점을 명심해야 합니다. 보수가 미래를 가지려면 젊은 세대로 지지층을 확대해야 합니다. 2017년 대선에 "종북 좌파의 집권을 막아야 한다"는 낡은 슬로건을 들고나왔는데, 이는 1970년대의 반공주의 세뇌 교육을 받은 사람에게

나 통할 방식으로 절대로 젊은 세대를 설득할 수 없습니다. 마지막 남은 정치에서 세대 갈등마저 지양하려면 한국의 보수가 새로운 모습으로 거듭날 필요가 있습니다.

더 좋은
민주주의를
향하여

이제까지 한국 정치의 역사와 문제에 대해 살펴보았는데 이쯤에서 처음 물음으로 돌아가지요. '좋은 정치'란 무엇일까요? 그 답변은 지금까지 말씀드린 내용에 이미 암묵적으로 담겨 있다고 생각합니다.

일단 급한 것은 파괴된 민주주의를 제도적으로 다시 세우는 것입니다. 생각해보면 박정희—박근혜 가문은 참으로 대단한 집안입니다. 대를 이어 헌정을 세 번이나 파괴했거든요. 한 번은 5·16쿠데타로, 또 한 번은 유신헌법으로, 마지막으로는 최순실 국정농단 사태로. 박근혜 대통령 탄핵은 우리에게 '시민들이 감시를 게을리하면 대통령이 헌법을 무시하고 과거의 독재로 돌아갈 수 있다'는 교훈을 안겨주었습니다. 아마도 박근혜 정권 4년 동안 국가의 시스템이 많이 왜곡되었을 겁니다. 새로운 정부는 먼저 통치기구 내의 왜곡부터 바로잡아야 합니다. 구체적으로 말하면 청와대는 물론이고, 검찰, 국정원, 국세청, 공정위 등 주요 사정기관들이 다시는 권력에 악용당하지 않도록 철저히 개혁해야 합니다. 이들 기관이 중립을 깨고 정치에 개입하는 한 명색이 민주주의 국가라 해도 헌법에 보장된 시민의 권리들이 실질적으로 지켜질 수 없으니까요. 간첩 조작, 민간인 사찰, 블랙리스트, 관제 언론, 관제 데모, 정치검찰 등 그동안 이 사회에서 벌어졌던 일을 생각해보십시오. 유신 시절의 관행들이 모조리 부활했습니다. 먼저 제도적 개혁으로 이 적폐들을 청산해야 합니다.

물론 제도만 바로잡는 것으로는 충분하지 않습니다. 민주적 제도는 민주적으로 운용되어야 합니다. 그래야 민주주의라는 형식에 내실이 채워지기 때문이지요. 민주주의 국가라면 제도만이 아니라 제도의 운영도 민주적이어야 합니다. 즉 아래로 무조건 내리꽂는 하향식 소통이 아니라 정보사회에 어울리는 쌍방향의 수평적 소통을 통해 국정이 운영되어야 한다는 말입니다. 적어도 이 점에서 가장 높은 수준에 도달했던 것은 참여정부였습니다. 얼마 전에 문제가 됐던 송민순 회고록 사건을 봅시다. 선거 때문에 이상하게 해석됐지만, 사실 그 사건은 노무현 정부에서 국정 운영이 얼마나 민주적으로 이뤄졌는지 잘 보여줍니다. 유엔의 대북인권결의안을 놓고 정부 부처들, 그러니까 외교부와 통일부 사이에 이견이 발생했습니다. 각 부처의 장관들은 치열하게 논쟁하며 열성적으로 자기 부처의 입장을 개진했지요. 그 논쟁을 지켜보고 대통령이 다수의 의견인 '기권' 쪽으로 결론을 내립니다. 하지만 송민순 장관은 대통령의 마음을 바꿔놓기 위해 손편지까지 쓰지요. 그러자 대통령은 장관을 설득하기 위해 다시 한 번 회의를 열라고 지시합니다. 그 결과 다시 '기권'으로 결론이 내려지지요. 얼마나 민주적입니까? 그리고 얼마나 아름답습니까? 반면 박근혜 정부에서는 어땠나요? 대통령이 수첩에 쓴 내용을 읽으면 수석이나 장관들은 받아적 기만 했습니다. 토론이 없었지요. 감히 대통령에게 이견을 말했다가는 그분 눈에서 뿜어져나오는 레이저 빔에 바로 목이 잘리니까요. 오죽하면 '적자생존'이라는 웃지 못할 농담이 나왔겠습니까. 참여정부에서 실천했던 수평적 소통을 통한 민주적 국정 운영, 새 정부는 바로 여기서 출발해야 할 것입니다.

더 중요한 것은 쌍방향의 수평적 소통을 국정만이 아니라 사회 전체로 확장하는 것입니다. 돌이켜보면 참여정부 시절은 토론의 전성기였습니다. TV 토론 프로그램이 높은 시청률을 자랑했지요. 이는 그 시절에 대화와 논쟁이 시민의 일상으로 자리 잡아가고 있었다는 것을 의미합니다. 대통령이 계급장 떼고 평검사들과 TV 카메라 앞에서 토론을 하던 그 시절에는 회사나 관공서, 학교, 가정에서도 수평적 소통의 문화가 싹트기 시작했습니다. 사회 전체에 탈권위주의가 퍼져나갔지요.

하지만 보수정권 10년을 거치면서 그 싹이 짓밟혀버렸습니다. 사회적 소통의 방식이 도처에서 권위주의적으

수평적 소통을 통한 민주적 국정 운영, 새 정부는 바로 여기서 출발해야 합니다.

로 변했지요. 이명박 전 대통령은 자신은 CEO, 국민은 부하 사원으로 간주했고, 박근혜 전 대통령은 자신은 공주, 국민은 백성이라고 생각했으니까요. 하느님이 인간에게 제 형상을 부여하셨듯이 대통령은 제 형상대로 사회를 변화시키기 마련입니다.

노무현 정권 때는 정말이지 온라인이 자유로웠습니다. 마음에 들지 않는 의견이 있어도 비판을 했지, 지금처럼 우르르 몰려가서 숨통을 끊어놓으려 하지는 않았거든요. 요즘은 공격적인 불관용이 진보와 보수를 가리지 않고 똑같이 일어나고 있는데요, 이는 온라인 문화가 그 사이에 보수적으로 변했기 때문이라고 봅니다. 이제 정치뿐 아니라 사회 전체, 직장과 학교와 가정 등에서 다시 수평적 소통과 관용의 정신을 부활시켜야 합니다. 위아래 구분 없이 누구나 자신의 의견을 두려움 없이 피력할 수 있어야 사회가 역동적으로 돌아갈 수 있습니다. 그래야 사회에서 창의성이라는 게 나올 수 있고요. 디지털 시대에는 창의성이 곧 생산력입니다. 이 점을 고려하면 왜 수평적 소통을 사회 전체로 확산시켜야 하는지 금방 이해하실 수 있을 겁니다.

박근혜 정권의 민낯이 드러나자 사람들이 갑자기 '제왕적 대통령제의 폐해'를 얘기하더군요. 이 말은 조심해야 합니다. 박근혜 정권의 명백한 잘못을 자칫 제도의 탓으로 돌려 용서하는 논리로 사용될 수 있거든요. 이른바 '제왕적 대통령제'라 하더라도, 노무현 정권과 박근혜 정권에서 대통령제의 운영이 얼마나 달랐는지 생각해보십시오. 사실 헌법만 제대로 지키면 현행 대통령제에 큰 문제는 없습니다. 우리 헌법에 따르면 총리가 장관들의 임명을 제청하게 되어 있거든요. 사실상 총리가 장관을 임명하는 것이나 다름없지요. 노무현 정권은 이른바 '책임총리제'를 통해 대통령의 권한 중 상당 부분을 총리에게 나눠줬습니다. 앞서 얘기했듯이 중요한 결정에서 국무위원들의 발언권을 존중해주었고요. 반면 박근혜 정권에서는 어떻게 했나요? 같은 대통령제라도 이렇게나 다르게 운용될 수 있습니다. 따라서 중요한 것은 제도 자체가 아니라, 그 제도를 운용하는 민주적 에토스겠지요. 다만 그렇다고 해서 대통령의 권한을 분산시킬 필요가 없다는 얘기는 아닙니다. 어느 조사에 따르면 강력한 대통령제를 채택한 미국 대통령이 가진 권한의 지수가 13이라면, 우리나라 대통령의 권한은 20이라고 합니다. 대통령 한 사람에게 너무 많은 권한이 집중되어 있다는 얘기지요. 이 부분은 아마도 개헌을 통해서 해결해야 할 겁니다. 개헌의 방향을 놓고 4년 중임제와 권력분산, 이원집정부제, 의원내각제 등 여러 가지 의견이 나오고 있지만, 권력이 한 사람에게 집중되어 있는 현재의 시스템은 고쳐야 한다고 봅니다.

권력 집중의 문제는 청와대나 행정부에만 있는 게 아닙니다. 사실 의회 권력도 민주적이지 않지요. 현행 소선거구제에서는 거대 정당들이 엄청난 기득권을 누립니다. 생각해보십시오. 사실상 양당 구조에서는 거대 정당들을 대체할 대안 세력이 출현할 수 없습니다. 선거 때만 되면 '사표심리' 때문에 유권자들이 마음에 안 들어도 거대 양당 중 하나에 표를 던지게 되니까요. 결국 많은 유권자들이 자기 후보가 좋아서가 아니라 상대 후보가 싫어서 투표를 하게 됩니다. 19대 대선에서도 '문재인 포비아'가 보수층이 표를 던지는 가장 중요한 동기로 작용했습니다. 사실상의 양당 구조에서 거대 정당들은 '자신들이 잘하는 방식'이 아니라 '상대가 못하는 방식'으로 지지를 얻습니다. 이러니 정당정치가 발전할 수 없지요. 19대 대선의 후보자토론회를 보십시오. 토론 성적과 지지율이 반비례하지 않았습니까? 결국 악화가 양화를 구축하는 겁니다. 보수에서 자유한국당이 못하면 그 자리를 바른정당이 차지할 수 있어야 합니다. 진보-중도에서 민주당이 못하면 그 자리를 정의당이 차지할 수 있어야 하고요. 하지만 거대정당들은 아무리 못해도 늘 그 자리에 있습니다. 경쟁이 없으니 더 열심히 할 필요도 없지요. 상대 정당이 실수나 실정하기를 기다리기만 하면 되니까요. 따라서 대통령의 권한을 나누는 것 못지않게 의회의 권력을 나누는 것도 중요합니다. 그것은 물론 현행 선거법의 개정을 통해서만 가능합니다.

　현행 소선거구제는 문제가 많은 제도입니다. 묵묵히 나랏일을 열심히 하는 것보다 지역구 돌아다니며 토호들 민원이나 들어주고, 지역 주민들 대소사 챙겨주는 게 당선에 더 유리하니까요. 이러니 의회 자체가 썩어버릴 수밖에 없습니다. 듣자 하니 의원들 자신도 지역구에서 초상집, 잔칫집, 결혼식 쫓아다니다보면 '내가 이러려고 정치를 시작했나' 하는 자괴감에 빠진답니다. 따라서 현행 선거법은 비례대표성을 강화하는 방향으로 개정되어야 합니다. 정의당이나 국민의당에서 주장하는 독일식 정당명부제든, 국회입법조사처에서 제안한 권역별 비례대표제든, 지역구를 줄이고 비례대표 의석을 파격적으로 늘리는 식으로 바뀌어야 합니다. 늘 그렇듯이 문제는 선거법 협상마저도 기득권을 가진 거대 양당의 손에 달려 있다는 겁니다. 그러니 결과가 어떻겠습니까? 지난 2016년 선거법 개정 때 두 당이 담합하여 외려 지역구를 늘리고 비례대표 의석을 줄여버렸지요? 의회는 대통령 권한을 분산하자고 주장하기 전에 먼저 자신들의 기득권부터 내려놔야 합니다. 이미 대한민국에서 다당제는 예외적 상태가 아니라 정상적 상태로 자리 잡았습니다. 중도—진보는 민주당, 국민의당, 정의당으로 분화했고, 보수 역시 수구적인 자유한국당과 개혁적인 바른정당으로 분화한 상태지요. 유권자들의 정치적 욕망이 다양해진 겁니다. 선거제 역시 다양해진 유권자들의 욕망을 왜곡 없이 온전히 담아낼 수 있는 형태로 진화해야 합니다.

정치적 민주주의에서
사회적 민주주의로

　강연의 서두에서 말했듯이 민주주의는 기본적으로 '평등'의 사상입니다. 평등은 그저 법적·형식적 평등만을 의미하는 게 아닙니다. 예를 들어 저나 삼성의 이재용 부회장이나 법 앞에서는 평등합니다. 삼성 재벌의 아들이라 해도 선거에서는 동등하게 한 표만 행사할 수 있지요. 그렇다고 삼성 그룹의 부회장과 지방대의 교수가 과연 사회적으로 동등할까요? 흙수저나 금수저나 법 앞에서 평등하고 투표장에서 동등하지만, 그 둘이 과연 사회에 나가 실제로 동등한 기회를 가질까요? 그 누구도 이 사회에 기회의 평등이 보장된다고 믿지는 않을 겁니다. 그렇기 때문에 법적·형식적 평등을 의미하는 정치적 민주주의는 경제적·실질적 평등을 보장하는 사회적 민주주의로 진화해야 합니다. 국민의정부와 참여정부는 정치적 민주주의의 발전에 커다란 업적을 남겼지만, 사회적 민주주의의 측면에서는 외려 사회를 후퇴시켰습니다. 두 정권을 거치며 사회적 양극화가 심화되었고, 일하는 사람들의 삶이 과거보다 안 좋아졌으니까요. 이 점은 노무현 전 대통령 스스로 인정하고 반성하기도 했습니다. 우리는 바로 그 지점에서 새로 출발해야 합니다.

사회적 민주주의로 나가자는 제안은 '경제민주화' 공약으로 나타났습니다. 18대 대선에서 박근혜 전 대통령이 내놓은 대표적 공약이었지요. 물론 그 공약(公約)은 그가 대통령에 취임하자마자 바로 공약(空約)이 되어버렸습니다. 선거철이 돌아오니 후보들이 다시 그 약속을 내놓았습니다. '재벌 개혁' '경제민주화' '공정 성장' 등 후보마다 슬로건은 다르지만, 경제 발전을 위해서는 경제적 평등이 이루어져야 하며, 대기업에 집중된 경제력을 중소기업으로 분산시켜야 한다는 인식은 모두 공유하는 듯합니다. 원내 정당들 모두가 재벌 개혁을 약속하고 있지 않습니까? 사실 그 약속을 그대로 믿어주기는 어렵지요. 삼성의 이재용 부회장을 구속했지만 이것이 대대적인 재벌 개혁으로 이어질지는 여전히 미지수입니다. 재벌들이 우리 사회에, 특히 정치권에 미치는 영향이 워낙 크기에, 이들이 과연 선거가 끝난 후에 그 약속을 실천에 옮길지 의심스러운 것이지요. 가장 개혁적이었던 참여정부마저도 당시 삼성에 끌려다니는 바람에 '삼성공화국'이라는 비난을 들었던 것을 기억해보십시오. 결코 쉬운 과제가 아닙니다. 그래도 한 가지 확실한 것은 국민들이 재벌 중심 경제의 개혁을 반드시 이루어야 하는 과제로 받아들이고 있다는 사실입니다. 이대로는 더 이상 성장할 수도 없고, 먹고살 수도 없다고 느끼기 때문이지요. 재벌들이 중소기업의 피를 빨아먹고, 대기업이 골목 상권까지 점령하는 구조를 더 이상 허용해서는 안 된다는 사회적 합의가 이루어진 셈입니다. 새로운 정권에서 개혁이 제대로 이뤄질지 시민들이 두 눈 크게 뜨고 감시해야 합니다.

사회적 민주주의를 위해 가장 중요한 것은 역시 정규직과 비정규직의 차별을 없애는 겁니다. '동일가치노동 동일임금 원칙'이라는 말 들어보셨지요? 동일한 노동을 했으면 동일한 임금을 받는 게 당연합니다. 하지만 이 일이 우리 사회에서는 당연하지가 않습니다. 비정규직들은 같은 노동을 해도 정규직에 비해 턱없이 적은 임금을 받지요. 이걸 평등이라 부를 사람은 아무도 없을 겁니다. 동일한 노동에 동일한 임금을 지급하는 것. 이것이 법적·형식적 평등과 구별되는 경제적·실질적 평등의 핵심입니다. 그 못지않게 심각한 불평등이 더 있지요. 바로 남성노동자와 여성노동자 사이의 성차별입니다. 2015년 통계에 따르면 대한민국 여성노동자의 임금은 남성노동자의 약 63퍼센트에 불과합니다. OECD 국가 중에서 최악의 수준이지요. 성별 불평등 해소야말로 우리의 민주주의가 사회적 민주주의로 진화하기 위해 무엇보다 먼저 해결해야 할 과제입니다.

사회적 민주주의가 시급히 요구되는 또 다른 이유는

이른바 '4차 산업혁명' 때문입니다. 사실 4차 산업혁명이라는 말은 학문적 개념이라기보다 마케팅 용어에 가깝기 때문에 저는 별로 좋아하지 않습니다. 3차 산업혁명이 일어나고 있다고 호들갑을 떨던 게 불과 몇 년 전인데 그새 4차 산업혁명이라니 다소 혼란스럽기도 하고요. 하지만 중요한 것은 이름이 아니라 내용이지요. 이른바 4차 산업혁명의 핵심은 기계가 인간처럼 '자율성'을 갖는다는 데 있습니다. 17세기만 해도 인간에게 자율성을 부여하는 게 중요한 철학적 기획이었는데, 이제는 기계에게 자율성을 부여하는 게 중요한 기술적 기획이 된 겁니다. 기계가 자율성을 갖는다는 것은 인간의 판단력이 요구되던 일들을 앞으로 기계가 대신하게 된다는 것을 의미합니다. 그 말은 다시 수많은 사람들이 기계에 밀려 일자리를 잃는다는 것을 의미하지요. 자동화는 산업의 생산성을 획기적으로 높일 겁니다. 문제는 그 성과가 소수에게만 돌아가고, 다수의 대중은 그 덕을 보지 못한 채 외려 생활이 더 어려워지리라는 데 있습니다. 그렇기 때문에 자동화로 높아진

생산성의 성과를 '사회적으로 공유'할 필요가 있습니다. 그러려면 어떻게 해야 할까요? 아마도 정의당의 심상정 후보가 제시한 '기본소득제'가 한 가지 방안이 될 수 있겠지요. 이 문제에 대해서는 앞으로 계속해서 사회적 논의가 이뤄져야 할 겁니다.

상상력에
권력을!

　남북관계와 외교 문제에도 해결해야 할 복잡한 일들이 산적해 있습니다. 보수정권 10년을 거치면서 예전에 남북대화로 이뤄냈던 성과들이 전부 무너졌습니다. 남북정상회담, 개성공단, 금강산 관광, 모두 파기되었으니까요. 그렇다고 안보 상황이 나아졌나요? 천안함 사건, 연평도 포격 사건으로 애꿎은 사람들이 목숨을 잃었지요. 보수정권 10년 동안 북한은 수차례에 걸친 핵실험과 미사일 실험으로 핵능력을 위협적인 수준으로 끌어올렸습니다. 국민의정부와 참여정부의 성과를 파기하고 무엇을 얻었는지 모르겠습니다. 괜히 북핵에 대응한다고 사드 도입을 서둘렀다가 중국으로부터 경제 보복만 당하고 있지요.

그 피해액이 1년에 8조 5000억 원으로 추산된다고 합니다. 그뿐인가요? 미국에서는 사드 비용마저 우리에게 물리려 합니다. 북핵에 대응하기 위해 미국은 중국, 일본과 대화를 하고 있습니다. '코리아 패싱'이라 하던가요? 그 협상의 테이블에 우리 의자만 없지요. 이게 보수정권 10년이 우리에게 남긴 외교 안보의 성과입니다. 도대체 어쩌다 우리가 이런 꼴이 되었을까요? 외교의 자주성을 잃었기 때문입니다. 그렇다면 왜 우리 외교는 자주성을 잃었을까요? 한국의 보수가 한미동맹을 국가와 국가 간의 대등한 계약관계가 아니라 하나의 종교로 승화시켜버렸기 때문입니다. 탄핵 국면에 벌어진 태극기집회에 난데없이 대형 성조기가 등장했던 것을 기억하시지요? 한미동맹이 미국을 주님으로 모시는 신흥 종교가 되다보니, 미국은 굳이 우리의 의견 따위를 물을 필요를 못 느끼고 있습니다.

그런 의미에서 노무현 전 대통령이 제시한 '동북아 균형자론'의 비전이 굉장히 중요합니다. 물론 미국은 여전히 세계 최강대국이지만, 동북아시아에서 중국의 영향

력도 더 이상 무시할 수 없지 않습니까? 대륙에서 해양으로 진출하려는 중국과 해양에서 대륙을 봉쇄하려는 미국 사이의 헤게모니 싸움에 우리가 굳이 말려들 필요는 없습니다. 한국과 미국은 동맹관계에 있지요. 두 나라는 이익이 서로 일치할 때도 있지만, 충돌할 때도 있습니다. 그때 우리 정부는 당연히 우리의 국익을 중심으로 사고해야지요. 동맹은 일방적인 관계가 아닙니다. 우리가 미국에 좀 더 과감하게 나가야 합니다. 미군이 왜 우리나라에 있을까요? 자기들의 이익이 걸려 있기 때문입니다. 방위비 분담금 인상을 주장하며 주한미군을 철수하겠다고 으름장을 놓지만, 중국 때문에라도 미군은 한반도에 주둔할 수밖에 없습니다. 계속 미국에 끌려다니지 말고 좀더 과감하게 우리의 이익을 옹호해야 합니다. 또한 우리가 미국과 북한 사이에서 균형자, 혹은 조율사 역할을 해야 합니다. 그러지 않으면 북한과 미국이 협상을 하는 테이블에도 우리가 앉을 자리가 없어질 겁니다. 나아가 협상은 그들끼리 하고 비용은 우리가 대는 어처구니없는 사태가 벌어질 수도 있고요.

우리가 동북아시아에서 균형자 역할을 해야 하는 또 다른 이유는 북핵 문제를 해결하는 데 중국의 도움이 꼭 필요하기 때문입니다. 중국과 동맹까지는 아니더라도 협력적이고 우호적인 관계를 유지하는 게 좋습니다. 최근에는 어떻습니까? 중국은 한·미·일 때문에 안보에 심각한 위협을 느끼고 있습니다. 한·미·일이 구축하려는 미사일 방어(MD, Missile Defence) 체제가 중국과 미국 사이의 핵 균형을 무너뜨리기 때문입니다. 미국은 동북아에 MD체제를 구축해 중국의 미사일 발사를 몇 분이라도 먼저 탐지하려 하고 있습니다. 그 모두가 미국의 핵 우위를 위한 것이지요. 우리를 위한 게 아니고요. 그런데 괜히 거기 끼어들어서 한쪽에서는 연간 8조 5000억 원의 경제 보복을 당하고, 다른 쪽에서는 사드 비용을 대라는 독촉을 받게 된 겁니다.

이제라도 미국과 중국 사이에서 균형을 잡고 냉철한 머리로 추이를 지켜보며 우리의 국익을 지켜내야 합니다.

남북관계는 기본적으로 남한과 북한이 주체가 되어서 문제를 해결하는 것이 중요합니다. 남과 북이 싸우면 결국 주변국들만 득을 보기 때문입니다. 핵심은 어떤 나라든 북한과 대화할 때 무조건 남한을 통하도록 만드는 것입니다. 진보정권 때 이걸 실현하려다가 결국 실패하고 말았지요. 햇볕정책이 좌초한 그 지점에서 새로운 도전에 나서야 합니다.

이 문제는 또 다른 측면에서도 중요합니다. 바로 '정치적 상상력'을 위해서입니다. 낡은 반북주의, 반공주의 이념만큼 강력하게 우리의 정치적 상상력을 제약하는 요인은 없을 겁니다. 현상을 타개하려는 어떤 시도도 이념 앞에서는 좌절할 수밖에 없었지요. 새로운 생각은 무조건 위험한 생각, 시뻘건 생각으로 공격을 받았으니까요. 복지를 늘리자고 해도 빨갱이, 국보법을 폐지하자고 해도 빨갱이, 정부를 비판해도 빨갱이, 북한과 대화하자고 해도 빨갱이. 뭔가 다른 얘기를 하면 무조건 빨갱이로 몰아붙이니, 그 두려움 때문에 시민들 스스로 내적 검열을 해서 아예 새로운 생각을 하지 못하게 되었습니다. '상상력에 권력을!' 프랑스에서 일어났던 68혁명의 유명한 구호지요. 이제 우리도 과감히 정치적 상상력을 펼쳐야 합니다. 자유로워지기를 두려워해서는 안 됩니다. 평등해지기를 두려워해서는 안 됩니다. 행복해지기를 두려워해서는 안 됩니다. 그러려면 우리 모두 더 용감해져야 합니다. 그런 의미에서 프랑스혁명 당시에 조르주 당통(Georges J. Danton)이 외친 구호로 이 강연을 마치고자 합니다.

담대함을, 좀더 담대함을, 항상 담대함을!

(Il nous faut de l'audace, encore de l'audace,

toujours de l'audace!)

묻고
답하기

PM 7:30

(UE)

저는 정치인의 수준이 하향 평준화되었다고 생각하는데,
선생님의 의견은 어떠신지요.

유시민 작가가 이런 이야기를 했습니다. 정치는 맞춤
복이 아니라 기성복이다. 기성복을 살 때는 적당히 내 몸
에 맞는 옷을 고르지 않습니까? 물론 딱 맞는 옷이 있으면
좋겠지만 좀처럼 만나기 어렵지요. 선거도 기성복을 고르
는 과정과 같습니다. 나와 얼추 맞는 정치인에게 표를 던
지는 것이지요. 정치인들이 하향 평준화되었다고 느끼는
것은 선거 때 나와 맞는 후보를 만나지 못했기 때문일 수
도 있습니다.

저는 반대로 우리나라 정치인의 수준이 전반적으로
상향 평준화가 되었다고 봅니다. 그렇게 생각하게 된 가
장 큰 계기는 2016년에 있었던 필리버스터였습니다. 그때

테러방지법을 반대하는 민주당과 정의당 의원들이 몇 시간씩 발언을 이어가지 않았습니까? 저는 그 장면을 보면서 신선했습니다. 우리가 집단으로 싸잡아 욕하던 정치인들도 개인으로 보니 각자 자기의 철학과 주장과 이념과 생각이 있고, 나름 치열하게 삶을 살고 있구나 하는 것을 생생하게 느꼈지요. 아마 저만의 생각은 아닐 겁니다. 필리버스터를 보면서 쉽게 정치인을 욕해서는 안 되겠다고 생각한 사람이 많습니다. 필리버스터뿐 아니라 각 정당 내 시스템도 예전보다 나아졌습니다. 보수정당을 제외하면 공천 과정이 꽤 투명해졌지요. 옛날에는 계파 수장들이 지분 나누듯이 담합하여 공천했다면, 이제는 공천 과정 자체가 민주적으로 변했기 때문에 꽤 괜찮은 후보들이 출마를 합니다. 우리에게는 정당들이 변하는 속도가 느리게 느껴질지 모르지만, 그래도 조금씩 조금씩 나아지고 있습니다.

제가 필리버스터 외에 기존 정치인에게 감동받은 적이 있는데요, 유승민 의원의 국회 연설을 보고 그랬습니다. 당시에는 새누리당 원내대표였지요. 저와는 생각이 다른 분입니다. 그런데도 "따뜻한 보수"를 이야기하는 모습이 굉장히 감동적이었습니다. 그동안 대한민국 보수는 '친북 좌파' '종북 좌파'라는 것 빼고는 아예 말을 못하는 사람들이었거든요. 보수 정치인의 입에서 보수의 가치에 관한 이야기를 들은 것은 그때가 처음이었던 것으로 기억합니다.

이제 새누리당은 보수의 새로운 지평을 열고자 합니다. 심각한 양극화 때문에 대한민국이라는 공동체는 갈수록 내부로부터의 붕괴 위험이 커지고 있습니다. 공동체를 지키는 것은 건전한 보수당의 책무입니다. 외부의 위협으로부터 국가 안보를 지키는 것이 보수의 책무이듯이, 내부의 붕괴 위험으로부터 공동체를 지키는 것도 보수의 책무입니다. 새누리당은 고통받는 국민의 편에 서겠습니다. 가진 자, 기득권 세력, 재벌 대기업의 편이 아니라, 고통받는 서민 중산층의 편에 서겠습니다. 빈곤층, 실업자, 비정규직, 초단시간 근로자, 신용불량자, 영세 자영업자와 소상공인, 장애인, 무의탁 노인, 결식아동, 소년소녀 가장, 다문화 가정, 북한이탈주민, 이런 어려운 분들에게 노선과 정책의 새로운 지향을 두고, 그분들의 통증을 같이 느끼고, 그분들의 행복을 위해 당이 존재하겠습니다.

이 연설을 듣고 '드디어 이 나라에도 제대로 된 보수주의자가 탄생했구나' 하는 반가운 생각이 들었습니다. 또 하나는 정의당의 조성주 씨가 당대표 선거에 출마해 후보자토론회에서 한 연설이었습니다.

저는 묻습니다. 오늘밤 제가 사는 마포구의 한 편의점에서 졸음을 참으며 최저임금도 받지 못한 채 일을 하고 있는 청년에게 노동이란 무엇입니까? 내일 새벽 6시 노량진 고시원에 향하는, 안타깝게도 심상정도 노회찬도 정의당의 이름도 모르는 취업 준비생의 핏기 없는 창백한 얼굴은 우리에게 무엇을 말하고 있습니까? 우리가 있어야 할 자리로 돌아갑시다.

타성에 빠진 진보 정치를 질타하는 내용이었는데, 이 연설을 듣고 저 자신도 반성을 많이 했습니다. 이 젊은이의 연설은 당 안팎으로 잔잔한 반향을 일으켰지요. 이렇게 정치인의 연설도 얼마든지 감동적일 수 있습니다.

저는 우리나라 정치인들에게 부족한 요소가 '멋'이라고 생각합니다. 오바마 전 미국 대통령 보십시오. 연설에서 감동을 주지 않습니까? "미국에는 이라크 전쟁에 찬성하는 애국자와 이라크 전쟁에 반대하는 애국자가 있습니다". 얼마나 감동적입니까. 동성결혼 합법화 결정이 내려지자, "이로써 미국은 더 완전해졌습니다"라고 외치는 모습을 볼 때는 온몸에 전율이 흘렀습니다. 우리도 언젠가 "대한민국에는 사드 배치에 찬성하는 애국자와 사드 배치에 반대하는 애국자가 있습니다". 이렇게 말할 줄 아는 정치인이 등장했으면 합니다.

저희 부모님은 여전히 박정희 정권을 그리워합니다.
이런 분들을 어떻게 설득하는 게 좋을까요?

아마 설득이 불가능할 겁니다. 태극기집회에 열성적
으로 나오는 분들을 생각해봅시다. 그분들은 세계관과 인
생관이 형성되던 시기에 집중적으로 박정희식 국가주의
이념의 세례를 받았습니다. 그래서 자신과 국가를, 그리고
그 국가를 박정희와, 나아가 박근혜와 동일시(identify)합
니다. 그 동일시를 통해 자신의 정체성(identity)을 세운 분
들이니, 박근혜가 무너지면 동시에 자기 자신이 무너진다
고 느끼는 겁니다. 자기가 무너질 수는 없는 노릇이지 않
습니까? 그래서 아예 현실을 부정해버리는 겁니다. '박근
혜는 죄가 없고, 이 모두가 좌파와 배신자들의 음모다'. 인
지부조화라고 하지요? 아무튼 이 모두가 자기 나름 정체

성의 붕괴를 막으려는 처절한 노력일 겁니다.

이분들처럼 극단적이지는 않더라도 그 연령대의 많은 분들이 비슷하게 생각하고 행동합니다. 물론 우리가 볼 때는 이제라도 현실을 직시하고, 정치적 정체성을 고쳐세우는 게 옳겠지요. 하지만 그분들에게는 쉬운 과제가 아닙니다. 지금껏 세상의 모든 일을 예전 기준으로 판단해왔는데, 정치적 정체성을 바꾸려면 이제까지 쌓아온 경험, 이제까지 내려온 판단, 이제까지 해온 생각 전체를 수정해야 하거든요. 물론 젊은이들처럼 앞으로 살날이 창창하다면, 미래를 위해 할 만한 가치가 있는 투자지요. 하지만 앞으로 살날보다 이제까지 살아온 날이 압도적으로 많은 분들에게는 그런 수고가 그리 경제적으로 여겨지지 않을 겁니다. 그냥 이제까지 해왔던 대로 생각하고 행동하며 사는 게 차라리 더 행복하겠지요. 그러니 대화는 하되 굳이 설득까지 하려 들 필요는 없을 것 같습니다.

우리나라 정당들은 유독 이합집산이 심한 듯합니다.
그래서 더욱 믿음이 안 가기도 하고요.
왜 정당들이 오래가지 못할까요?

　　한마디로 '정당정치'가 확립되지 않아서 그런 것이지
요. 자신만의 신념이나 이상이 아니라 권력과 지위를 쫓
아다니는 정치인들이 많습니다. 이념도 철학도 없으니 그
저 그때그때 자기의 이권을 최대한 보장받을 수 있는 쪽
으로 이리저리 옮겨다니는 겁니다. 정당이라는 것은 원래
정치적 이념과 신념을 공유하는 사람들의 결사체입니다.
하지만 우리 정당들은 아직도 지연·학연·이권 때문에 모
인 사람들의 이익공유체에 가깝습니다. 그래서 이합집산
이 심한 겁니다. 정치적 이념은 불변하는 것이나, 이권은
상황에 따라 매번 달라집니다. 정당의 기초가 '가치'가 아
니라 '이권'이니 당연히 불안정할 수밖에요.

이 나라에서는 정치를 위해 선거를 하는 게 아니라 선거를 위해 정치를 합니다. 선거용 정당이라고 할까요? 하긴 선거 결과에 엄청난 이권들이 걸려 있긴 하지요. 이렇게 선거가 목적이 되어버리면, 정치가 '정당' 중심이 아니라 당선이 유력한 '인물' 중심으로 돌아가게 됩니다. 그러다보니 정치인들이 이념이나 정책의 차이가 아니라, 친이, 친박, 진박, 비박, 친노, 비노, 친문, 반문 등 인물을 기준으로 분류되곤 하지요. 또 유력 인물들의 행보에 따라 당적을 바꾸는 철새들이 난무하고, 나아가 아예 당 자체가 쪼개지고 합해지는 게 정치의 일상이 되어버렸죠. 문제의 해법은 이제라도 정당정치를 확립하는 것입니다.

매번 촛불을 들기는 어려울 텐데요,
일상에서 정치와 접하려면 어떤 방법이 있을까요?

　가장 좋은 방법은 정당에 가입하는 겁니다. 한국에서 정당정치가 안 되는 가장 큰 원인은, 제 돈으로 당비를 내고 당의 활동에 적극적으로 참여하는 진성당원이 별로 없다는 것입니다. 수백만 명의 당원이 있다고 하지만 대부분 서류에만 존재하는 유령당원이지요. 이 유령당원들의 상당수는 자기가 어느 당의 당원이라는 사실조차 모르고 있을 겁니다. 그나마 활동을 하는 소수의 당원들은 대부분 위원장과 학연·지연·혈연으로 어지럽게 얽힌 사람들로, 가치를 위해 뭉친 게 아니라 이권을 바라고 당에 들어온 사람들이지요. 그러니 애초에 정당정치가 이루어질 수 없습니다.

이 문제를 해결하려면 당원의 대다수를 당비를 납부하는 진성당원으로 채워야 합니다. 한마디로 시민들의 자발적인 정당 가입이 필수적이라는 말입니다. 정말로 한국 정치가 발전하기를 바란다면, 정당을 외면하거나 회피하지 말고 외려 가입하여 그 활동에 적극적으로 참여해야 합니다. 서구 선진국에서는 시민들의 당원 활동이 일상화되어 있지요. 당원으로서의 활동을 여가 활동이자 사교 활동으로, 말하자면 일상생활의 중요한 일부로 여기거든요. 그게 정상입니다.

한편 촛불집회는 대의민주주의의 한계와 관계가 있습니다. 만약 정당정치가 정상적으로 작동했다면, 애초에 시민들이 촛불을 들고 거리로 나올 일은 없었을 겁니다. 정당들이 시민들의 뜻을 제대로 대리하지 못하니 시민들이 거리로 나와 자신들의 정치적 의지를 직접 표명한 것이지요.

촛불집회는 간접민주주의의 문제를 교정해주는 직접민주주의의 요소라고 할 수 있습니다. 시민의 적극적 참여로 제대로 된 정당정치를 확립하고, 간접민주주의에서 비롯되는 문제는 촛불집회와 같은 직접적 참여를 통해 해결해나간다면, 이상적이지 않을까요?

수평적 소통 외에 디지털 시대의 정치에 필요한
미덕은 무엇이 있을까요?

모든 덕목이 다 필요하겠지요. 그 물음에는 거꾸로 접
근하고 싶습니다. 디지털 시대에 버려야 할 악덕은 무엇
인가? 요즘 제가 심각한 문제라고 느끼는 게 있습니다. 첫
째, SNS와 인터넷 등 온라인 정치에서 '관용'이 사라졌다
는 겁니다. 2017년 대선에서도 특정 후보의 지지자들이 이
견을 가진 정치인들에게 문자 폭탄을 날리며 협박하는 일
이 있었지요. 이렇게 다중의 위력으로 소수의 입을 막아
버리는 것은 민주주의의 정신을 정면으로 거스르는 행위
입니다. 이 온라인 극렬분자들의 상당수가 유감스럽게도
'민주'를 표방하는 정당의 지지자들이더군요. 과거의 노
사모는 이들과 달랐습니다. 노무현 후보를 알리러 남의

사이트에 들어갈 때, 절대 해서는 안 될 일의 목록을 만들어놓고 매우 조심스럽게 처신했지요. 예를 들어 ① 정치 얘기를 꺼내기 전에 먼저 그곳 사용자들에게 허락을 받아라. ② 자기 견해를 절대로 남에게 강요하지 마라. ③ 그들이 우리 후보를 비난하더라도 절대로 싸우지 마라 등등. 거기에 비하면 온라인 정치문화가 외려 퇴화한 셈입니다. 팬들의 수준도 바닥으로 떨어졌고요.

둘째, 그보다 심각한 문제가 있습니다. 바로 수평적 네트워크로서 온라인 정치가 수직적 조직으로서 정당의 오프라인 정치 아래 포섭되는 경향이 나타났다는 겁니다. 당에서 상대 후보를 겨냥해서 퍼부을 마타도어(matador)의 목록을 만들어 내려보내면, 지지자들이 온라인에서 이를 확산·증폭시키는 일을 합니다. 자발적이어야 할 온라인 정치마저 오프라인 동원 정치로 오염되어버린 겁니다. 그 결과 팬덤들 사이에 격렬한 마타도어 전쟁이 벌어졌지요. 이 문제를 놓고 각 정당과 지지자들이 진지하게 반성해야 한다고 봅니다.

선거 때마다 네거티브를 둘러싸고 논란이 벌어집니다.
네거티브란 선거에 빠질 수 없는 요소일까요?

어디까지가 정당한 검증이고 어디까지가 부당한 네
거티브인지, 둘 사이에 늘 명확한 경계가 있는 것은 아니
지요. 선거철만 되면 다들 네거티브를 자제하자고 말합니
다. 하지만 결국 서로 네거티브 공방을 벌이는 것을 보면,
네거티브 공세가 실제로 효과가 있다는 얘기겠지요. 심리
학적으로 인간은 긍정적인 것보다 부정적인 것을 더 오래
기억한다고 합니다. 진화심리학적으로 보면 부정적인 정
보를 오래 기억하는 것이 생존에 더 유리했겠지요. 긍정
적인 것은 내게 위협이 되지 않기에 기억할 이유가 없지
만, 부정적인 것은 내게 위협이 될 수 있으니 오래 기억해
두는 게 아무래도 나았을 테니까요.

어느 실험에 따르면, 네거티브 공세가 허위로 밝혀졌다고 해도 나중에 물어보면 많은 사람들이 허위가 아닌 사실로 기억한다고 합니다. 설사 허위로 밝혀진다 해도 마타도어가 효과가 없는 것은 아니라는 말입니다. 특히 지지율이 앞서는 후보의 발목을 잡는 데는 네거티브 공세만큼 효과적인 수단도 없을 겁니다. 그래서 선거라는 제도가 있는 한 네거티브는 어떤 형태로든 계속 존재할 수밖에 없다고 생각합니다. 하지만 네거티브가 늘 바라는 효과만 가져오는 것은 아니지요. 유권자들은 아무래도 마타도어를 밥 먹듯 하는 후보에게 좋은 인상을 가질 수 없으니까요.

유럽식 의원내각제나 이원집정부제가
과연 우리나라에 맞을까요?

우리 현실에 유럽식 의원내각제나 이원집정부제가 어울릴 것 같지는 않습니다. 최순실 국정농단 사태를 겪으면서 나온 말이 '대통령이 과도한 권력을 가지고 부정부패를 저지르니 개헌이 필요하다'는 것 아닙니까? 그래서 대통령에게 집중된 권력을 국회의원들에게 나눠줘야 한다는 건데, 솔직히 대통령 못지않게 인기 없고 부패한 게 국회의원들 아닌가요? 그래서 총선 후에 매번 재·보궐선거를 치르는 것이겠지요. 부정부패는 권력 기구의 문제와는 좀 다른 관점에서 접근해야 합니다. 의원내각제에서도 부정부패는 있습니다. 일본이라는 가까운 예가 있지요. 일본 사회를 조금만 파고들어보면 그리 깨끗하지 않다고 하지요. 거기도 정경유착이 아주 뿌리 깊게 박혀 있습니다.

게다가 우리의 경우 의회 권력 자체도 거대 양당이 부당하게 기득권을 누리는 비정상적 상태에 있습니다. 이런 정당문화가 의원내각제와 결합하면 아주 좋지 않은 결과로 이어질 것 같아요. 유럽식 의원내각제의 전제는 선거제도가 공정하여 실질적 다당제가 보장되어 있어야 한다는 겁니다. 그런데 우리는 양당 독식 체제이니, 의원내각제의 장점을 살릴 수가 없지요. 그렇지 않아도 부당하게 기득권을 누리는 의회 권력이 행정부까지 장악하면, 그 꼴이 볼만할 겁니다.

그리고 거대 양당이 어디 정상적인 정당정치를 하던가요. 한국 정치의 고질적인 문제 중 하나가 계파정치입니다. 새누리당에서 일어났던 비박 공천 학살을 생각해보세요. 문재인 후보가 욕을 먹는 것도 당내에서 계파정치를 청산하려 한 것과 관련이 있습니다. 예전에는 당내에 여러 계파가 있어서 사이좋게 공천권을 나눠가졌죠. 지금은 공천 시스템이 바뀌어 계파 수장들이 그 기득권을 잃어버렸습니다. 그래서 툭하면 분당을 하고 탈당을 하는 겁니다. 이 상태에서 의원내각제를 도입하면 계파정치가 나라 전체로 확대되겠지요.

의원내각제를 주장하는 의원들의 속내도 솔직히 매우 의심스럽습니다. 유력한 대권 주자를 내지 못하는 정당이나 계파에서 어떻게든 자기들 권력을 늘려보겠다는 심보가 보이거든요. 의원내각제가 되면 자칫 우리 정치가 순식간에 일본 꼴이 될지도 모릅니다. 의원직이 세습되고, 수십 년 동안 사실상 자민당이 일당독재를 하는 상황이 우리나라에서도 벌어지지 말라는 법이 없지요. 아내가 일본인인데, 그런 말을 하더라고요. "우리가 열심히 투표해도 늘 총리는 우리가 잘 알지도 못하는 사람들이 임명한다". 우리 국민들이 과연 자기 손으로 직접 뽑지 않은 인물에게 나라의 통치를 맡기려 할까요?

이원집정부제는 대통령은 국민이 선출하고 총리는 의회의 다수를 차지하는 정당에서 내는 제도지요. 이원집정부제에서는 대통령이 외교와 안보 등 외치를 담당하고, 총리가 내치를 담당하는데, 투표 결과에 따라 대통령과 총리의 소속 정당이 다를 수도 있습니다. 이를 '코아비타시옹'(cohabitation), 우리말로 '동거정부'라고 합니다. 일단 대통령과 총리의 권한을 어떻게 나누느냐에 따라 이원집정부제에도 다양한 형태가 존재할 수 있어서 뭐라고 평가하기는 어렵습니다. 하지만 어차피 이원집정부제도 의원내각제의 성격이 강한 제도라 앞서 말한 문제들이 여기에서도 그대로 나타날 수 있습니다.

한때 북유럽 사민주의에 대한 선망이 대단했지요.
북유럽 사민주의가 우리의 대안이 될 수 있을까요?

글쎄요, 일단 저는 우리 사회에 사민주의에 대한 선
망이 대단했던 적이 있었는지 모르겠습니다. 사민주의라
는 말은 두 가지 상이한 것의 이름으로 사용됩니다. 하나
는 '이념'의 이름이죠. 이념으로서 사민주의는 진보 진영
에서도 그다지 인기가 없습니다. 얼마 전 정의당에서 당
명을 사민당으로 바꾸려 했지요. 하지만 당원 투표에서
부결됐습니다. 과거 운동권은 크게 NL과 PD 계열로 나
뉘었는데요. NL 계열은 사민주의 체제보다는 '자주적 민
주정부'를 선호합니다. 사민주의는 좌파 이념이기에 당의
외연을 좁힐 수 있다는 것이지요. 그들이 선호하는 자주
적 민주정부는 좌우를 아우르는 정권입니다. 미군을 철수

(자주)시키고 국가보안법을 폐기(민주)시켜 남북이 통일을 하는 게 먼저라고 보는 것이지요. 사회주의는 통일 이후의 과제라는 말입니다. 반면 PD 계열은 과거에 사민주의를 부르주아 '개량주의'라 불렀습니다. 무늬만 좌파지, 그 본질은 변함없이 자본주의 체제라는 말입니다. 이 관성이 남아서 PD 계열의 활동가들은 합법정당 운동을 하는 지금도 사민주의에 대해 부정적으로 인식하고 있습니다. 물론 저처럼 사민주의를 진보정당의 공식 이념으로 채택하자고 주장하는 사람들도 많습니다. 진보정당에서 내놓은 정책들은 사실 사민주의 수준도 안 되는 것들이거든요.

둘째는 '국가체제'의 이름입니다. 북유럽 사회는 모두 '사회국가'(social state)의 형태를 취하고 있지요. 자본주의 시장경제에 강력한 사회주의 요소를 결합한 혼합 체제라고 할까요? 이를 흔히 '사민주의 국가'라 부르곤 하는데, 사실 사회국가 안에는 사민주의 정당 외에 극우에서 극좌까지 다양한 정당들이 존재합니다. 북유럽 사회는 우리 눈에 거의 사회주의 국가로 보입니다. 고부담-고복지의 특성이 있어서 소득의 거의 절반을 국가에서 가져가거든요. 그 대신 국가는 교육에서 의료까지 시민들에게 최고의 복지를 제공하지요. 설사 일자리를 잃어도 상당히 높은 수준의 실업수당을 받기 때문에, 시민들이 미래에 대한 걱정 없이 안심하고 살아갈 수 있습니다. 그러면서도 강력한 시장경제를 유지하고요.

북유럽의 사회국가들은 사회주의가 정의로우면서도 효율적일 수 있음을 증명합니다. 역사적으로 제기된 사회주의 이념 중에서 유일하게 작동 가능한 것으로 입증된 체제이기도 하고요. 사실 선진국들은 북유럽처럼 강력한 형태는 아니라 하더라도 대부분 사회국가의 형태를 취하고 있습니다. 모든 것을 시장에 맡겨두는 자유주의 경제는 외려 미국과 일본을 비롯해 소수에 불과하지요. 미국의 경우 어떤 면에서는 우리보다도 못합니다. '오바마 케어'라는 게 우리가 지금 운영하고 있는 의료보험 시스템이거든요. 그것도 감당하지 못해서 다시 폐기하는 것을 보세요. 미국과 국경을 접한 캐나다만 해도 미국과는 달리 고도의 복지제도를 갖춘 사회국가입니다.

　한국은 사회국가가 될 수 없다고 주장하는 이들이 있습니다. 전경련과 같은 우파에서는 사회국가가 시장경제의 활력을 죽이는 공산주의 체제라고 주장하지요. 하지만 사회국가 체제를 택한 나라들은 하나같이 강력한 경제력을 가진 선진국이거든요. 그것으로 보아 그들의 주장은 그냥 정치적·이념적 마타도어에 불과하다고 보는 게 옳을 겁니다. 반면 급진적 성향의 좌파들은 유럽의 사회국가가 가난한 제3세계에서 착취한 잉여 가치를 물적 토대로 하기 때문에 가능한 것이라 주장합니다. 따라서 그런 식민지가 없는 한국에서는 꿈도 꿀 수 없는 목표라는 말이지요. 하지만 서구 선진국과 제3세계 국가들 사이의 교역량은 무시해도 좋을 정도입니다. 서로 오가는 게 있어야 착취를 해도 하지 않겠습니까? 따라서 이 역시 한갓 정치적·이념적 마타도어에 불과하다고 봅니다. 이런 이념적 주장보다 흔히 들을 수 있는 반대의 논거는 우리에게 선진국만큼 돈이 없다는 겁니다. 하지만 북유럽의 국가들이 사회국가의 시스템을 완성한 것은 1인당 국민소득이 1만 달러 이하일 때였습니다. 그들이 자전거 타고 다닐 때 이룬 것을 왜 우리는 자동차 타고 다니면서도 못 하나요? 결국 우리에게 부족한 것은 돈이 아니라 과감한 정치적 상상력입니다.

여론조사에 따르면 이미 몇 년 전부터 우리 국민의 과반수가 '복지에 사용된다면 세금을 더 낼 수 있다'고 생각하고 있습니다. 19대 대선에서는 보수정당인 바른정당의 후보마저도 증세를 전제로 '중부담-중복지'를 공약으로 들고나왔지요. 그 반대편에 있는 진보정당의 후보는 사회복지세의 신설을 들고나왔고요. 복지를 적어도 OECD 평균 수준으로는 시급히 끌어올려야 한다는 겁니다. 이들 공약의 바탕에는 복지를 개인들에게 맡기는 데서 벗어나 국가가 책임지는 시스템으로 대전환을 해야 한다는 문제의식이 깔려 있습니다. 생각해보십시오. 우리 사회는 천문학적 액수의 돈을 사교육에 쓰고 있지요. 그 절반을 거둬 공교육에 투여한다면, 아마 우리 교육의 수준과 환경을 최고로 끌어올리고도 남을 겁니다. 각종 보험도 마찬가지입니다. 국가의 복지 시스템을 신뢰하지 못하니 국민들이 삶의 불안을 떨치기 위해 따로 사보험을 듭니다. 그 액수가 1년에 무려 200조 원이라고 합니다. 그중 절반만 투입해도 이 사회를 고도의 복지국가로 만들고도 남을 겁니다. 결국 중요한 것은 거시적인 차원의 '전환'입니다. 교육·의료·실업·노후 등의 문제를 지금처럼 '개인적으로' 해결하게 놔두느냐, 아니면 그 문제들을 우리 모두가 '사회적으로' 해결하느냐. 어느 것이 더 정의롭고 효율적인가? 그 대답은 굳이 말할 필요가 없을 겁니다. 이것이 제가 강조하는 '사회적 민주주의'의 핵심입니다.

정치의 시대
좋은 정치란 무엇인가

초판 1쇄 발행 / 2017년 5월 25일

지은이 / 진중권
펴낸이 / 강일우
책임편집 / 윤동희 김효근
조판 / 박지현
펴낸곳 / (주)창비
등록 / 1986년 8월 5일 제85호
주소 / 10881 경기도 파주시 회동길 184
전화 / 031-955-3333
팩시밀리 / 영업 031-955-3399 편집 031-955-3400
홈페이지 / www.changbi.com
전자우편 / nonfic@changbi.com

ⓒ 진중권 2017
ISBN 978-89-364-7357-0 04300
       978-89-364-7958-9 (세트)